한국도로
공사서비스

직업기초능력평가

한국도로공사서비스
직업기초능력평가

초판 발행	2025년 5월 30일
개정판 발행	2026년 3월 6일

편 저 자 | 취업적성연구소

발 행 처 | ㈜서원각

등록번호 | 1999-1A-107호

주　　소 | 경기도 고양시 일산서구 덕산로 88-45(가좌동)

교재주문 | 031-923-2051

팩　　스 | 031-923-3815

교재문의 | 카카오톡 플러스 친구[서원각]

홈페이지 | goseowon.com

우리나라 기업들은 1960년대 이후 현재까지 비약적인 발전을 이루었다. 이렇게 급속한 성장을 이룰 수 있었던 배경에는 우리나라 국민들의 근면성 및 도전정신이 있었다. 그러나 빠르게 변화하는 세계 경제의 환경에 적응하기 위해서는 근면성과 도전정신 이외에 또 다른 성장 요인이 필요하다.

최근 많은 공사·공단에서는 기존의 직무 관련성에 대한 고려 없이 인·적성, 지식 중심으로 치러지던 필기전형을 탈피하고, 산업현장에서 직무를 수행하기 위해 요구되는 능력을 산업부문별·수준별로 체계화 및 표준화한 NCS를 기반으로 하여 채용공고 단계에서 제시되는 '직무 설명자료'상의 직업기초능력과 직무수행능력을 측정하기 위한 직업기초능력평가, 직무수행능력평가 등을 도입하고 있다.

한국도로공사서비스에서도 업무에 필요한 역량 및 책임감과 적응력 등을 구비한 인재를 선발하기 위하여 고유의 직업기초능력평가를 치르고 있다. 본서는 한국도로공사서비스 채용대비를 위한 필독서로 한국도로공사서비스 직업기초능력평가의 출제경향을 철저히 분석하여 응시자들이 보다 쉽게 시험 유형을 파악하고 효율적으로 대비할 수 있도록 구성하였다.

신념을 가지고 도전하는 사람은 반드시 그 꿈을 이룰 수 있습니다. 처음에 품은 신념과 열정이 취업 성공의 그 날까지 빛바래지 않도록 서원각이 수험생 여러분을 응원합니다.

STRUCTURE

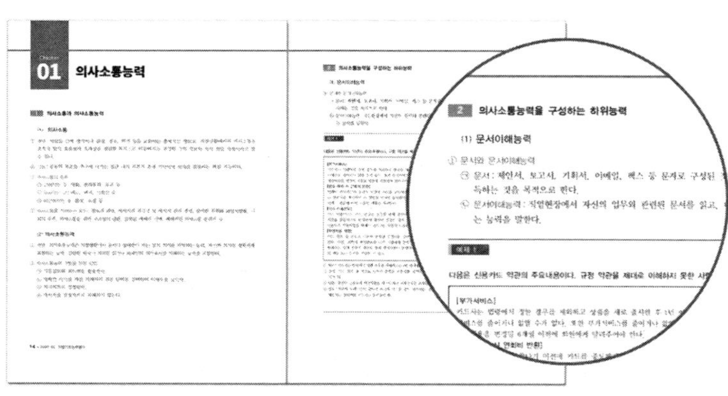

핵심이론정리

반드시 알아야 하는 핵심이론정리를 통해 취업 준비의 시작을 탄탄하게 다질 수 있습니다.

출제예상문제

시험 출제가 예상되는 다양한 문제를 명쾌한 해설과 함께 수록하여 보다 확실한 실전 대비를 할 수 있도록 하였습니다.

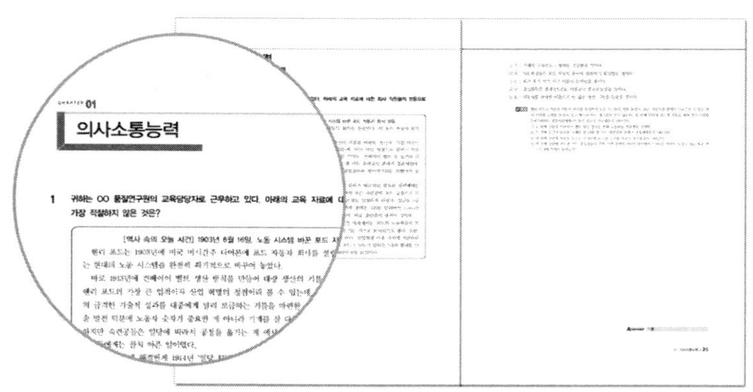

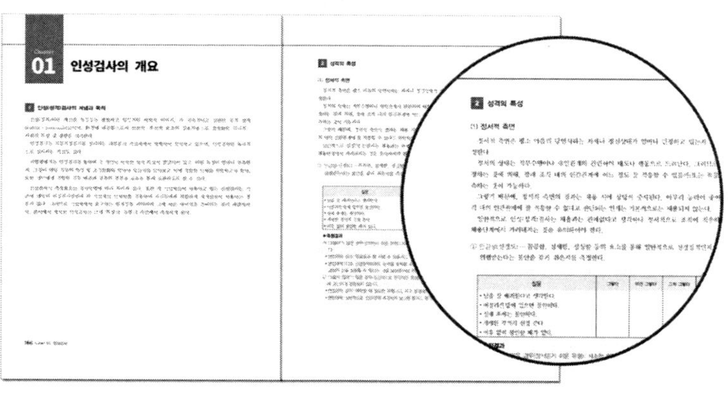

인성검사 및 면접

취업 성공을 위한 실전 인성검사와 면접의 기본을 수록하여 취업의 마무리까지 깔끔하게 책임집니다.

CONTENTS

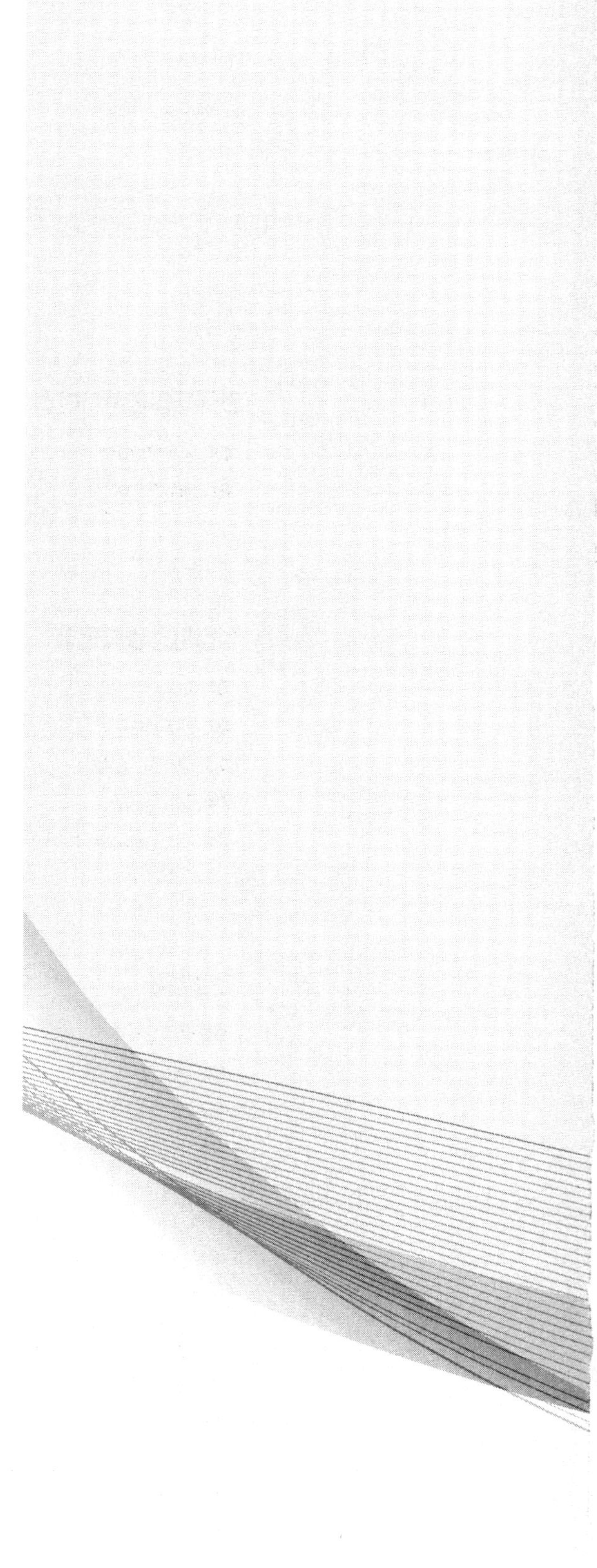

PART

01

한국도로공사서비스 소개

01 한국도로공사서비스 소개

한국도로공사서비스는 통행료, 콜센터 및 교통방송 운영 등 고속도로를 이용하는 국민에게 서비스를 제공하는 공공기관입니다. 전국 373개 영업소에서 고객을 맞이하고, 콜센터에서 고객의 소리를 듣고 있으며, 실시간 교통정보 제공으로 고객의 최상의 만족을 위해 24시간 열심히 뛰고 있습니다.

02 비전 및 전략체계

(1) 미션
국민 행복과 함께 성장하는 유료도로 서비스 가치 구현

(2) 비전
사람과 미래를 잇는 유료도로 서비스 파트너

(3) 핵심가치
소통, 신뢰, 혁신성장

(4) 경영방침
고객중심, 지속성장, 미래선도, 사회적책임

(5) 3대 경영목표
도로서비스품질 1등급, 고객만족도조사 최고등급, 정부경영평가 1등급

(6) 전략방향 및 전략과제

전략방향	전략과제
미래교통을 위한 사업혁신	• 통행료 수납 프로세스 강화 및 확장 • 미래사업 성과창출 • 미래지향형 AX · DX 혁신
고객과 현장을 연결하는 교통서비스 추진	• 교통종합방송 역할 강화 • 고객맞춤 상담 · 서비스 추진 • 공공책임형 도로 · 근로자 안전관리
지속가능 경영체계 실현	• 조직운영기반 안정화 • 전략적 홍보 및 협력 네트워크 확립 • ESG 경영 확산

03 사회공헌 추진체계

(1) 사회공헌 추진체계

한국도로공사서비스는 사회적 가치 구현을 위한 전략적 사회공헌활동 추진기반을 마련하여 취약계층 및 지역사회와의 상생을 위해 노력하겠습니다.

	2021년	2022~2023년	2024년~
중단기 로드맵	전사적 사회공헌 마인드 함양 • 사회공헌 체계 구축 • 사회공헌활동 발굴 및 도입	보유 자원을 활용한 활동기반 강화 • 사회공헌 기반 강화 • 사회적 가치 연계 다각적 활동 실시	사회적 가치 실현 내재화 • 활동영역 확대 · 발굴 • 사회공헌활동 발굴 및 도입
실행과제	사회적 약자 계층 지원		지역 밀착 상생 활동
운영체계	한국도로공사서비스 사회봉사단		스마일펀드 · 매칭그랜트

※ 스마일펀드란? 직원들의 자발적 성금모금액으로 신청금액을 월급에서 공제

※ 매칭그랜트란? 직원들이 조성하는 금액만큼 회사도 매칭하여 기금 조성에 참여

(2) 사회봉사단 소개

한국도로공사서비스는 체계적이고 지속적인 사회공헌활동을 실천하기 위해 2021년 8월 사내 설문조사를 통해 "행복나눔봉사단"이라는 이름으로 사회봉사단을 발족하였습니다.

한국도로공사서비스 행복나눔봉사단은 봉사와 나눔을 통해 사회적 책임을 이행하고 사회적 가치를 실현시키고자 합니다.

01 채용절차

| 원서 접수 | ⇨ | 필기전형 | ⇨ | 면접전형 | ⇨ | 최종합격자 발표 |

02 채용내용

(1) 채용분야

① 채용분야 : 정규직(7급)(영업직, 상담직)

② 채용직급

　㉠ 정규 인턴사원(채용형)

　㉡ 인턴(채용형) 신분으로 수습기간(3개월) 평가를 거친 후 정규직(7급) 임용

(2) 지원자격

① 공통

　㉠ 학력 · 성별 · 연령 : 제한 없음(단, 기관 정년에 도달하는자 제외(만 61세))

　㉡ 인턴채용일로부터 근무가 가능한 자(사업장 전국소재)

　㉢ 당사 인사규정의 결격사유가 없는 자

② 영업직(보훈) :「국가유공자 등 예우 및 지원에 관한 법률」에 따른 취업지원대상자로서 증명서 발급이 가능한 자

③ 영업직(사회형평)

　㉠「다문화가족지원법」에 따른 다문화가족에 해당하는 사람

　㉡「한부모가족지원법」에 따른 한부모가족에 해당하는 사람

④ 각 채용분야 중복지원 불가

(3) 전형방법

① 서류전형

　　㉠ 전형방법 : 지원자격 충족 및 입사지원서 적합 작성 시 선발

　　㉡ 선발인원 : 부적격 불합격자를 제외한 지원자 전원

② 필기전형

　　㉠ 전형대상 : 서류전형 합격자(입사지원자 중 부적격 불합격자 제외)

　　㉡ 전형방법 : 직업기초능력평가(NCS), 인성검사 포함

　　㉢ 선발인원 : 채용예정인원의 3배수

　　㉣ 선발기준 : 필기전형 평가점수+부가가점(법정 및 특별) 합산 고득점자

　　• 필기전형 전과목 만점의 평균 40% 이상 득점자에 한하여 선발

　　• 2인 이상의 동점자가 있을 경우 모두 합격 처리

③ 면접전형

　　㉠ 전형대상 : 필기전형 합격자

　　㉡ 제출서류 : 입사지원서 상 입력된 지원자격사항(보훈·사회형평채용) 및 각종 우대사항(가점) 등의 증빙
　　　서류 원본 또는 사본

　　㉢ 면접내용 : 당사의 업무수행에 필요한 직무역량 등

　　※ 단, 평가위원 2인 이상이 동일한 평가항목에 대하여 중복하여 "D"로 평가한 경우 부적격 대상으로 불합격 처리하며, 최종합격자 수가 채용예
　　　정인원에 미달된 경우에도 동일하게 적용함

④ 최종합격자 결정

　　㉠ 선발인원 : 채용예정인원의 1배수

　　㉡ 선발기준 : 면접전형 평가점수+부가가점(법정·특별(청년인턴)) 합산 고득점자

　　• 합산점수는 소수점 셋째 자리에서 반올림하여 산정

　　• 동점자 처리 : ① 취업지원대상자 ② 장애인 ③ 필기전형 점수 ④ 면접전형 점수

　　– 전형별 득점점수는 가점을 포함하여 산정하며, 위 처리기준에도 동점자가 있을 시 모두 합격

　　• 면접전형 불합격자에 대하여 예비합격자 순번 부여

　　– 예비인원 : 채용예정인원의 2배수 내(부적격자 제외)

　　㉢ 예비합격자 : 최종합격 발표 시 순위 개별 공지

　　• 예비합격자 운영기간 : 최종합격자 발표일로부터 3개월

　　• 예비합격자 인원 : 최종합격자 인원의 2배수 이내 운영(부적격자 제외)

PART

02

직업기초능력평가

01 의사소통능력

1 의사소통과 의사소통능력

(1) 의사소통

① 개념 : 사람들 간에 생각이나 감정, 정보, 의견 등을 교환하는 총체적인 행위로, 직장생활에서의 의사소통은 조직과 팀의 효율성과 효과성을 성취할 목적으로 이루어지는 구성원 간의 정보와 지식 전달 과정이라고 할 수 있다.

② 기능 : 공동의 목표를 추구해 나가는 집단 내의 기본적 존재 기반이며 성과를 결정하는 핵심 기능이다.

③ 의사소통의 종류
   ㉠ 언어적인 것 : 대화, 전화통화, 토론 등
   ㉡ 문서적인 것 : 메모, 편지, 기획안 등
   ㉢ 비언어적인 것 : 몸짓, 표정 등

④ 의사소통을 저해하는 요인 : 정보의 과다, 메시지의 복잡성 및 메시지 간의 경쟁, 상이한 직위와 과업지향형, 신뢰의 부족, 의사소통을 위한 구조상의 권한, 잘못된 매체의 선택, 폐쇄적인 의사소통 분위기 등

(2) 의사소통능력

① 개념 : 의사소통능력은 직장생활에서 문서나 상대방이 하는 말의 의미를 파악하는 능력, 자신의 의사를 정확하게 표현하는 능력, 간단한 외국어 자료를 읽거나 외국인의 의사표시를 이해하는 능력을 포함한다.

② 의사소통능력 개발을 위한 방법
   ㉠ 사후검토와 피드백을 활용한다.
   ㉡ 명확한 의미를 가진 이해하기 쉬운 단어를 선택하여 이해도를 높인다.
   ㉢ 적극적으로 경청한다.
   ㉣ 메시지를 감정적으로 곡해하지 않는다.

(1) 문서이해능력

① 문서와 문서이해능력
　　㉠ 문서 : 제안서, 보고서, 기획서, 이메일, 팩스 등 문자로 구성된 것으로 상대방에게 의사를 전달하여 설득하는 것을 목적으로 한다.
　　㉡ 문서이해능력 : 직업현장에서 자신의 업무와 관련된 문서를 읽고, 내용을 이해하고 요점을 파악할 수 있는 능력을 말한다.

예제 1

다음은 신용카드 약관의 주요내용이다. 규정 약관을 제대로 이해하지 못한 사람은?

> [부가서비스]
> 카드사는 법령에서 정한 경우를 제외하고 상품을 새로 출시한 후 1년 이내에 부가서비스를 줄이거나 없앨 수가 없다. 또한 부가서비스를 줄이거나 없앨 경우에는 그 세부내용을 변경일 6개월 이전에 회원에게 알려주어야 한다.
>
> [중도 해지 시 연회비 반환]
> 연회비 부과기간이 끝나기 이전에 카드를 중도해지하는 경우 남은 기간에 해당하는 연회비를 계산하여 10 영업일 이내에 돌려줘야 한다. 다만, 카드 발급 및 부가서비스 제공에 이미 지출된 비용은 제외된다.
>
> [카드 이용한도]
> 카드 이용한도는 카드 발급을 신청할 때에 회원이 신청한 금액과 카드사의 심사기준을 종합적으로 반영하여 회원이 신청한 금액 범위 이내에서 책정되며 회원의 신용도가 변동되었을 때에는 카드사는 회원의 이용한도를 조정할 수 있다.
>
> [부정사용 책임]
> 카드 위조 및 변조로 인하여 발생된 부정사용 금액에 대해서는 카드사가 책임을 진다. 다만, 회원이 비밀번호를 다른 사람에게 알려주거나 카드를 다른 사람에게 빌려주는 등의 중대한 과실로 인해 부정사용이 발생하는 경우에는 회원이 그 책임의 전부 또는 일부를 부담할 수 있다.

① 혜수 : 카드사는 법령에서 정한 경우를 제외하고는 1년 이내에 부가서비스를 줄일 수 없어.
② 진성 : 카드 위조 및 변조로 인하여 발생된 부정사용 금액은 일괄 카드사가 책임을 지게 돼.
③ 영훈 : 회원의 신용도가 변경되었을 때 카드사가 이용한도를 조정할 수 있어.
④ 영호 : 연회비 부과기간이 끝나기 이전에 카드를 중도 해지하는 경우에는 남은 기간에 해당하는 연회비를 카드사는 돌려줘야 해.

출제의도

주어진 약관의 내용을 읽고 그에 대한 상세 내용의 정보를 이해하는 능력을 측정하는 문항이다.

해　설

② 부정사용에 대해 고객의 과실이 있으면 회원이 그 책임의 전부 또는 일부를 부담할 수 있다.

답 ②

② 문서의 종류

    ㉠ 공문서 : 정부기관에서 공무를 집행하기 위해 작성하는 문서로, 단체 또는 일반회사에서 정부기관을 상대로 사업을 진행할 때 작성하는 문서도 포함된다. 엄격한 규격과 양식이 특징이다.

    ㉡ 기획서 : 아이디어를 바탕으로 기획한 프로젝트에 대해 상대방에게 전달하여 시행하도록 설득하는 문서이다.

    ㉢ 기안서 : 업무에 대한 협조를 구하거나 의견을 전달할 때 작성하는 사내 공문서이다.

    ㉣ 보고서 : 특정한 업무에 관한 현황이나 진행 상황, 연구·검토 결과 등을 보고하고자 할 때 작성하는 문서이다.

    ㉤ 설명서 : 상품의 특성이나 작동 방법 등을 소비자에게 설명하기 위해 작성하는 문서이다.

    ㉥ 보도자료 : 정부기관이나 기업체 등이 언론을 상대로 자신들의 정보를 기사화 되도록 하기 위해 보내는 자료이다.

    ㉦ 자기소개서 : 개인이 자신의 성장과정이나, 입사 동기, 포부 등에 대해 구체적으로 기술하여 자신을 소개하는 문서이다.

    ㉧ 비즈니스 레터(E-mail) : 사업상의 이유로 고객에게 보내는 편지다.

    ㉨ 비즈니스 메모 : 업무상 확인해야 할 일을 메모형식으로 작성하여 전달하는 글이다.

③ 문서이해의 절차 : 문서의 목적 이해→문서 작성 배경·주제 파악→정보 확인 및 현안문제 파악→문서 작성자의 의도 파악 및 자신에게 요구되는 행동 분석→목적 달성을 위해 취해야 할 행동 고려→문서 작성자의 의도를 도표나 그림 등으로 요약·정리

(2) 문서작성능력

① 작성되는 문서에는 대상과 목적, 시기, 기대효과 등이 포함되어야 한다.

② 문서작성의 구성요소

    ㉠ 짜임새 있는 골격, 이해하기 쉬운 구조

    ㉡ 객관적이고 논리적인 내용

    ㉢ 명료하고 설득력 있는 문장

    ㉣ 세련되고 인상적인 레이아웃

다음은 들은 내용을 구조적으로 정리하는 방법이다. 순서에 맞게 배열하면?

> ㉠ 관련 있는 내용끼리 묶는다.
> ㉡ 묶은 내용에 적절한 이름을 붙인다.
> ㉢ 전체 내용을 이해하기 쉽게 구조화한다.
> ㉣ 중복된 내용이나 덜 중요한 내용을 삭제한다.

① ㉠㉡㉢㉣　　　　　② ㉠㉡㉣㉢
③ ㉡㉠㉢㉣　　　　　④ ㉡㉠㉣㉢

③ 문서의 종류에 따른 작성방법

㉠ 공문서

- 육하원칙이 드러나도록 써야 한다.
- 날짜는 반드시 연도와 월, 일을 함께 언급하며, 날짜 다음에 괄호를 사용할 때는 마침표를 찍지 않는다.
- 대외문서이며, 장기간 보관되기 때문에 정확하게 기술해야 한다.
- 내용이 복잡할 경우 '-다음-', '-아래-'와 같은 항목을 만들어 구분한다.
- 한 장에 담아내는 것을 원칙으로 하며, 마지막엔 반드시 '끝'자로 마무리 한다.

㉡ 설명서

- 정확하고 간결하게 작성한다.
- 이해하기 어려운 전문용어의 사용은 삼가고, 복잡한 내용은 도표화 한다.
- 명령문보다는 평서문을 사용하고, 동어 반복보다는 다양한 표현을 구사하는 것이 바람직하다.

㉢ 기획서

- 상대를 설득하여 기획서가 채택되는 것이 목적이므로 상대가 요구하는 것이 무엇인지 고려하여 작성하며, 기획의 핵심을 잘 전달하였는지 확인한다.
- 분량이 많을 경우 전체 내용을 한눈에 파악할 수 있도록 목차구성을 신중히 한다.
- 효과적인 내용 전달을 위한 표나 그래프를 적절히 활용하고 산뜻한 느낌을 줄 수 있도록 한다.
- 인용한 자료의 출처 및 내용이 정확해야 하며 제출 전 충분히 검토한다.

ⓔ 보고서

- 도출하고자 한 핵심내용을 구체적이고 간결하게 작성한다.
- 내용이 복잡할 경우 도표나 그림을 활용하고, 참고자료는 정확하게 제시한다.
- 제출하기 전에 최종점검을 하며 질의를 받을 것에 대비한다.

예제 3

다음 중 공문서 작성에 대한 설명으로 가장 적절하지 못한 것은?

① 공문서나 유가증권 등에 금액을 표시할 때에는 한글로 기재하고 그 옆에 괄호를 넣어 숫자로 표기한다.

② 날짜는 숫자로 표기하되 년, 월, 일의 글자는 생략하고 그 자리에 온점(.)을 찍어 표시한다.

③ 첨부물이 있는 경우에는 붙임 표시문 끝에 1자 띄우고 "끝."이라고 표시한다.

④ 공문서의 본문이 끝났을 경우에는 1자를 띄우고 "끝."이라고 표시한다.

출제의도

업무를 할 때 필요한 공문서 작성법을 잘 알고 있는지를 측정하는 문항이다.

해 설

공문서 금액 표시

아라비아 숫자로 쓰고, 숫자 다음에 괄호를 하여 한글로 기재한다.

예) 금 123,456원(금 일십이만삼천사백오십육원)

답 ①

---

④ 문서작성의 원칙

ㄱ 문장은 짧고 간결하게 작성한다(간결체 사용).

ㄴ 상대방이 이해하기 쉽게 쓴다.

ㄷ 불필요한 한자의 사용을 자제한다.

ㄹ 문장은 긍정문의 형식을 사용한다.

ㅁ 간단한 표제를 붙인다.

ㅂ 문서의 핵심내용을 먼저 쓰도록 한다(두괄식 구성).

⑤ 문서작성 시 주의사항

ㄱ 육하원칙에 의해 작성한다.

ㄴ 문서 작성시기가 중요하다.

ㄷ 한 사안은 한 장의 용지에 작성한다.

ㄹ 반드시 필요한 자료만 첨부한다.

ㅁ 금액, 수량, 일자 등은 기재에 정확성을 기한다.

ㅂ 경어나 단어사용 등 표현에 신경 쓴다.

ㅅ 문서작성 후 반드시 최종적으로 검토한다.

⑥ 효과적인 문서작성 요령

　　㉠ 내용이해 : 전달하고자 하는 내용과 핵심을 정확하게 이해해야 한다.

　　㉡ 목표설정 : 전달하고자 하는 목표를 분명하게 설정한다.

　　㉢ 구성 : 내용 전달 및 설득에 효과적인 구성과 형식을 고려한다.

　　㉣ 자료수집 : 목표를 뒷받침할 자료를 수집한다.

　　㉤ 핵심전달 : 단락별 핵심을 하위목차로 요약한다.

　　㉥ 대상파악 : 대상에 대한 이해와 분석을 통해 철저히 파악한다.

　　㉦ 보충설명 : 예상되는 질문을 정리하여 구체적인 답변을 준비한다.

　　㉧ 문서표현의 시각화 : 그래프, 그림, 사진 등을 적절히 사용하여 이해를 돕는다.

(3) 경청능력

① 경청의 중요성 : 경청은 다른 사람의 말을 주의 깊게 들으며 공감하는 능력으로 경청을 통해 상대방을 한 개인으로 존중하고 성실한 마음으로 대하게 되며, 상대방의 입장에 공감하고 이해하게 된다.

② 경청을 방해하는 습관 : 짐작하기, 대답할 말 준비하기, 걸러내기, 판단하기, 다른 생각하기, 조언하기, 언쟁하기, 옳아야만 하기, 슬쩍 넘어가기, 비위 맞추기 등

③ 효과적인 경청방법

　　㉠ 준비하기 : 강연이나 프레젠테이션 이전에 나누어주는 자료를 읽어 미리 주제를 파악하고 등장하는 용어를 익혀둔다.

　　㉡ 주의 집중 : 말하는 사람의 모든 것에 집중해서 적극적으로 듣는다.

　　㉢ 예측하기 : 다음에 무엇을 말할 것인가를 추측하려고 노력한다.

　　㉣ 나와 관련짓기 : 상대방이 전달하고자 하는 메시지를 나의 경험과 관련지어 생각해 본다.

　　㉤ 질문하기 : 질문은 듣는 행위를 적극적으로 하게 만들고 집중력을 높인다.

　　㉥ 요약하기 : 주기적으로 상대방이 전달하려는 내용을 요약한다.

　　㉦ 반응하기 : 피드백을 통해 의사소통을 점검한다.

다음은 면접스터디 중 일어난 대화이다. 민아의 고민을 해소하기 위한 조언으로 가장 적절한 것은?

> 지섭 : 민아씨, 어디 아파요? 표정이 안 좋아 보여요.
> 민아 : 제가 원서 넣은 공단이 내일 면접이어서요. 그동안 스터디를 통해서 면접 연습을 많이 했는데도 벌써부터 긴장이 되네요.
> 지섭 : 민아씨는 자기 의견도 명확히 피력할 줄 알고 조리 있게 설명을 잘 하시니 걱정 안하셔도 될 것 같아요. 아, 손에 꽉 쥐고 계신 건 뭔가요?
> 민아 : 아, 제가 예상 답변을 정리해서 모아둔거에요. 내용은 거의 외웠는데 이렇게 쥐고 있지 않으면 불안해서
> 지섭 : 그 정도로 준비를 철저히 하셨으면 걱정할 이유 없을 것 같아요.
> 민아 : 그래도 압박면접이거나 예상치 못한 질문이 들어오면 어떻게 하죠?
> 지섭 : ___________________________________

① 시선을 적절히 처리하면서 부드러운 어투로 말하는 연습을 해보는 건 어때요?
② 공식적인 자리인 만큼 옷차림을 신경 쓰는 게 좋을 것 같아요.
③ 당황하지 말고 질문자의 의도를 잘 파악해서 침착하게 대답하면 되지 않을까요?
④ 예상 질문에 대한 답변을 좀 더 정확하게 외워보는 건 어떨까요?

상대방이 하는 말을 듣고 질문 의도에 따라 올바르게 답하는 능력을 측정하는 문항이다.

민아는 압박질문이나 예상치 못한 질문에 대해 걱정을 하고 있으므로 침착하게 대응하라고 조언을 해주는 것이 좋다.

답 ③

(4) 의사표현능력

① 의사표현의 개념과 종류
  ㉠ 개념 : 화자가 자신의 생각과 감정을 청자에게 음성언어나 신체언어로 표현하는 행위이다.
  ㉡ 종류
    • 공식적 말하기 : 사전에 준비된 내용을 대중을 대상으로 말하는 것으로 연설, 토의, 토론 등이 있다.
    • 의례적 말하기 : 사회·문화적 행사에서와 같이 절차에 따라 하는 말하기로 식사, 주례, 회의 등이 있다.
    • 친교적 말하기 : 친근한 사람들 사이에서 자연스럽게 주고받는 대화 등을 말한다.

② 의사표현의 방해요인
  ㉠ 연단공포증 : 연단에 섰을 때 가슴이 두근거리거나 땀이 나고 얼굴이 달아오르는 등의 현상으로 충분한 분석과 준비, 더 많은 말하기 기회 등을 통해 극복할 수 있다.

ⓛ 말 : 말의 장단, 고저, 발음, 속도, 쉼 등을 포함한다.

ⓒ 음성 : 목소리와 관련된 것으로 음색, 고저, 명료도, 완급 등을 의미한다.

ⓔ 몸짓 : 비언어적 요소로 화자의 외모, 표정, 동작 등이다.

ⓜ 유머 : 말하기 상황에 따른 적절한 유머를 구사할 수 있어야 한다.

③ 상황과 대상에 따른 의사표현법

ⓐ 잘못을 지적할 때 : 모호한 표현을 삼가고 확실하게 지적하며, 당장 꾸짖고 있는 내용에만 한정한다.

ⓛ 칭찬할 때 : 자칫 아부로 여겨질 수 있으므로 센스 있는 칭찬이 필요하다.

ⓒ 부탁할 때 : 먼저 상대방의 사정을 듣고 응하기 쉽게 구체적으로 부탁하며 거절을 당해도 싫은 내색을 하지 않는다.

ⓔ 요구를 거절할 때 : 먼저 사과하고 응해줄 수 없는 이유를 설명한다.

ⓜ 명령할 때 : 강압적인 말투보다는 'ㅇㅇ을 이렇게 해주는 것이 어떻겠습니까?'와 같은 식으로 부드럽게 표현하는 것이 효과적이다.

ⓗ 설득할 때 : 일방적으로 강요하기보다는 먼저 양보해서 이익을 공유하겠다는 의지를 보여주는 것이 좋다.

ⓢ 충고할 때 : 충고는 가장 최후의 방법이다. 반드시 충고가 필요한 상황이라면 예화를 들어 비유적으로 깨우쳐주는 것이 바람직하다.

ⓞ 질책할 때 : 샌드위치 화법(칭찬의 말 + 질책의 말 + 격려의 말)을 사용하여 청자의 반발을 최소화 한다.

예제 5

당신은 팀장님께 업무 지시내용을 수행하고 결과물을 보고 드렸다. 하지만 팀장님께서는 "최대리 업무를 이렇게 처리하면 어떡하나? 누락된 부분이 있지 않은가."라고 말하였다. 이에 대해 당신이 행할 수 있는 가장 부적절한 대처 자세는?

① "죄송합니다. 제가 잘 모르는 부분이라 이수혁 과장님께 부탁을 했는데 과장님께서 실수를 하신 것 같습니다."

② "주의를 기울이지 못해 죄송합니다. 어느 부분을 수정보완하면 될까요?"

③ "지시하신 내용을 제가 충분히 이해하지 못하였습니다. 내용을 다시 한 번 여쭤보아도 되겠습니까?"

④ "부족한 내용을 보완하는 자료를 취합하기 위해서 하루정도가 더 소요될 것 같습니다. 언제까지 재작성하여 드리면 될까요?"

출제의도

상사가 잘못을 지적하는 상황에서 어떻게 대처해야 하는지를 묻는 문항이다.

해 설

상사가 부탁한 지시사항을 다른 사람에게 부탁하는 것은 옳지 못하며 설사 그렇다고 해도 그 일의 과오에 대해 책임을 전가하는 것은 지양해야 할 자세이다.

답 ①

④ 원활한 의사표현을 위한 지침

　　㉠ 올바른 화법을 위해 독서를 하라.

　　㉡ 좋은 청중이 되라.

　　㉢ 칭찬을 아끼지 마라.

　　㉣ 공감하고, 긍정적으로 보이게 하라.

　　㉤ 겸손은 최고의 미덕임을 잊지 마라.

　　㉥ 과감하게 공개하라.

　　㉦ 뒷말을 숨기지 마라.

　　㉧ 첫마디 말을 준비하라.

　　㉨ 이성과 감성의 조화를 꾀하라.

　　㉩ 대화의 룰을 지켜라.

　　㉪ 문장을 완전하게 말하라.

⑤ 설득력 있는 의사표현을 위한 지침

　　㉠ 'Yes'를 유도하여 미리 설득 분위기를 조성하라.

　　㉡ 대비 효과로 분발심을 불러 일으켜라.

　　㉢ 침묵을 지키는 사람의 참여도를 높여라.

　　㉣ 여운을 남기는 말로 상대방의 감정을 누그러뜨려라.

　　㉤ 하던 말을 갑자기 멈춤으로써 상대방의 주의를 끌어라.

　　㉥ 호칭을 바꿔서 심리적 간격을 좁혀라.

　　㉦ 끄집어 말하여 자존심을 건드려라.

　　㉧ 정보전달 공식을 이용하여 설득하라.

　　㉨ 상대방의 불평이 가져올 결과를 강조하라.

　　㉩ 권위 있는 사람의 말이나 작품을 인용하라.

　　㉪ 약점을 보여 주어 심리적 거리를 좁혀라.

　　㉫ 이상과 현실의 구체적 차이를 확인시켜라.

　　㉬ 자신의 잘못도 솔직하게 인정하라.

　　㉭ 집단의 요구를 거절하려면 개개인의 의견을 물어라.

　　ⓐ 동조 심리를 이용하여 설득하라.

　　ⓑ 지금까지의 노고를 치하한 뒤 새로운 요구를 하라.

　　ⓒ 담당자가 대변자 역할을 하도록 하여 윗사람을 설득하게 하라.

　　ⓓ 겉치레 양보로 기선을 제압하라.

　　ⓔ 변명의 여지를 만들어 주고 설득하라.

　　ⓕ 혼자 말하는 척하면서 상대의 잘못을 지적하라.

(5) 기초외국어능력

① 기초외국어능력의 개념과 필요성
   ㉠ 개념 : 기초외국어능력은 외국어로 된 간단한 자료를 이해하거나, 외국인과의 전화응대와 간단한 대화 등 외국인의 의사표현을 이해하고, 자신의 의사를 기초외국어로 표현할 수 있는 능력이다.
   ㉡ 필요성 : 국제화 · 세계화 시대에 다른 나라와의 무역을 위해 우리의 언어가 아닌 국제적인 통용어를 사용하거나 그들의 언어로 의사소통을 해야 하는 경우가 생길 수 있다.

② 외국인과의 의사소통에서 피해야 할 행동
   ㉠ 상대를 볼 때 흘겨보거나, 노려보거나, 아예 보지 않는 행동
   ㉡ 팔이나 다리를 꼬는 행동
   ㉢ 표정이 없는 것
   ㉣ 다리를 흔들거나 펜을 돌리는 행동
   ㉤ 맞장구를 치지 않거나 고개를 끄덕이지 않는 행동
   ㉥ 생각 없이 메모하는 행동
   ㉦ 자료만 들여다보는 행동
   ㉧ 바르지 못한 자세로 앉는 행동
   ㉨ 한숨, 하품, 신음소리를 내는 행동
   ㉩ 다른 일을 하며 듣는 행동
   ㉪ 상대방에게 이름이나 호칭을 어떻게 부를지 묻지 않고 마음대로 부르는 행동

③ 기초외국어능력 향상을 위한 공부법
   ㉠ 외국어공부의 목적부터 정하라.
   ㉡ 매일 30분씩 눈과 손과 입에 밸 정도로 반복하라.
   ㉢ 실수를 두려워하지 말고 기회가 있을 때마다 외국어로 말하라.
   ㉣ 외국어 잡지나 원서와 친해져라.
   ㉤ 소홀해지지 않도록 라이벌을 정하고 공부하라.
   ㉥ 업무와 관련된 주요 용어의 외국어는 꼭 알아두자.
   ㉦ 출퇴근 시간에 외국어 방송을 보거나, 듣는 것만으로도 귀가 트인다.
   ㉧ 어린이가 단어를 배우듯 외국어 단어를 암기할 때 그림카드를 사용해 보라.
   ㉨ 가능하면 외국인 친구를 사귀고 대화를 자주 나눠 보라.

의사소통능력

1 다음의 업무제휴협약서를 보고 이해한 내용을 기술한 것 중 가장 적절하지 않은 것을 고르면?

〈업무제휴협약〉

㈜○○○과 ★★ CONSULTING(이하 ★★)는 상호 이익 증진을 목적으로 신의성실의 원칙에 따라 다음과 같이 업무협약을 체결합니다.

1. 목적

　양사는 각자 고유의 업무영역에서 최선을 다하고 영업의 효율적 진행과 상호 관계의 증진을 통하여 상호 발전에 기여하고 편의를 적극 도모하고자 한다.

2. 업무내용

① ㈜○○○의 A제품 관련 홍보 및 판매

② ★★ 온라인 카페에서 A제품 안내 및 판매

③ A제품 관련 마케팅 제반 정보 상호 제공

④ A제품 판매에 대한 합의된 수수료 지급

⑤ A제품 관련 무료 A/S 제공

3. 업체상호사용

　양사는 업무제휴의 목적에 부합하는 경우에 한하여 상대의 상호를 마케팅에 사용 가능하나 사전에 협의된 내용을 변경할 수 없다.

4. 공동마케팅

　양사는 상호 이익 증진을 위하여 공동으로 마케팅을 할 수 있다. 공동마케팅을 필요로 할 경우 그 일정과 방법을 상호 협의하여 진행하여야 한다.

5. 협약기간

　본 협약의 유효기간은 1년으로 하며, 양사는 매년 초 상호 합의에 의해 유효기간을 1년 단위로 연장할 수 있고 필요 시 업무제휴 내용의 변경이 가능하다.

6. 기타사항

① 양사는 본 협약의 권리의무를 타인에게 양도할 수 없다.

② 양사는 상대방의 상호, 지적재산권 및 특허권 등을 절대 보장하며 침해할 수 없다.

③ 양사는 업무제휴협약을 통해 알게 된 정보에 대해 정보보안을 요청할 경우, 대외적으로 비밀을 유지하여야 한다.

2026년　1월　1일

㈜○○○　　　　　　　　　　　　　　　　　★★ CONSULTING

대표이사　김XX　　　　　　　　　　　　　대표이사　이YY

---

① 해당 문서는 두 회사의 업무제휴에 대한 전반적인 사항을 명시하기 위해 작성되었다.

② ★★은 자사의 온라인 카페에서 ㈜○○○의 A제품을 판매하고 이에 대해 합의된 수수료를 지급 받는다.

③ ★★은 업무 제휴의 목적에 부합하는 경우에 ㈜○○○의 상호를 마케팅에 사용할 수 있으며 사전에 협의된 내용을 변경할 수 있다.

④ 협약기간에 대한 상호 합의가 없다면, 본 계약은 2018년 12월 31일부로 만료된다.

⑤ ★★은 ㈜○○○의 지적재산권 및 특허권을 절대 보장하며 침해할 수 없다.

> ✔ 해설 '3. 업체상호사용' 항목에 따르면, 양사는 업무제휴의 목적에 부합하는 경우에 한하여 상대의 상호를 마케팅에 사용 가능하나 사전에 협의된 내용을 변경할 수는 없다.

2 다음은 △△공사의 '**열효율개선사업**'지원 공고문이다. 공고문의 내용을 잘못 이해한 사람은?

1. 사업개요

가. 사 업 명 : 도망가는 에너지를 잡아라! 20○○△△공사 온(溫)누리 열효율개선사업

나. 대상지역 : 강원도, 경기도, 경상북도, 대구광역시, 서울특별시, 충청북도, 제주특별자치도

다. 신청기간 : 20○○. ○○. ○○.까지 (우편소인 도착분 인정)

라. 지원대상 : 취약계층 이용 · 거주시설(경로당 포함) 및 저소득가구

마. 주관 : ○○협회

바. 후원 : △△공사

2. 지원 내용

모집지역	강원도, 경기도, 경상북도, 대구광역시, 서울특별시, 충청북도, 제주특별자치도	
신청방법	[사회복지시설] – 사회복지시설이 직접 신청(단, 경로당의 경우 해당 지역 주민센터에서 신청 가능) [저소득가구] – 사회복지시설 및 지자체가 해당하는 가구를 추천 및 신청	
지원대상	지원대상	• 취약계층이 이용하는 생활 사회복지시설 (노인복지시설 – '경로당'포함) • 저소득가구 (기초생활수급자, 차상위계층 및 추천시설에서 인정하는 저소득 가정)
	지원불가	[사회복지시설] – 미신고시설 – 시설설립 후 1년이 지나지 않은 시설 (사업공고일 기준) – 2008년 7월 1일 이후 개인이 설치 · 신고한 노인장기요양기관 – 5년 이내의 신축건물 – 기타 배분 규정에 따라 배분 제외 대상인 시설 [저소득가구] – 국가 및 지방자치단체, 정부공공기관 소유임대 가구 – 무허가주택 거주 가구 – 기타 배분 규정에 따라 배분 제외 대상인 가구
	기타	– 2년 이내(사업공고일 기준)에 지방자치단체 및 민간단체로부터 에너지효율 개선사업 관련 내용에 대한 지원을 받은 대상의 경우 신청은 가능하나 심사 과정에서 선정 우선순위에서 차순위로 밀려날 수 있음

지원내용	– 보일러 및 바닥, 단열, LED 등, 창호교체 기타 에너지 열효율개선을 위한 보수 공사 (에너지효율 개선을 위한 도배, 장판 포함 –단순 도배·장판의 경우 지원 불가) ※ 지원제외 : LNG 도시가스 인입, 대체에너지(태양열, 지열 등), 지붕 공사, 단순 도배·장판, 미관을 목적 으로 하는 인테리어 공사, 기타 에너지 효율화와 관련이 없는 개·보수
지원한도	가구별 최대 430만 원 내외 지원 시설별 최대 2,000만 원 내외 지원 ※ 건축물 면적, 이용 및 생활인원 수, 현장실사결과 등에 따른 차등 지원
시공	사회적 기업 시공업체 등 〈일부 지역 예외〉

① 갑 : 열효율개선사업은 전국을 대상으로 하지 않는 것 같군.

② 을 : 온라인으로는 신청이 안 되고 우편으로 신청을 해야 하는가 보군.

③ 병 : 사회복지시설 및 지자체가 추천한 업체가 시공을 담당하겠군.

④ 정 : 저소득가구가 2년 이내 관련 지원을 받은 경우 신청이 불가능한 것은 아니군.

⑤ 무 : 가구별 지원 한도와 시설별 지원 한도는 최대 2배 이상 차이가 나는군.

> **해설** △△공사의 '열효율개선사업'은 취약계층 이용·거주 시설 및 저소득가구를 대상으로 보일러 및 바닥 등 열효율개선을
> 위한 보수 공사를 지원하는 사업이다. 병은 "사회복지시설 및 지자체가 추천한 업체가 시공을 담당"할 것으로 보는데,
> 공고문에는 그 대상이 '사회적 기업 시공업체 등'으로 명시되어 있으므로 잘못 이해하였다.
> ① 열효율개선사업은 전국이 아닌 강원도, 경기도, 경상북도, 대구광역시, 서울특별시, 충청북도, 제주특별자치도를
> 대상으로 한다.
> ② 신청기간까지 우편소인 도착분을 인정한다고 공고하였으므로 온라인이 아닌 우편신청을 전제하고 있다.
> ④ 2년 이내 관련 지원을 받은 대상의 경우 신청은 가능하나 심사과정에서 선정 우선순위에서 차순위로 밀려날 수
> 있다.
> ⑤ 가구별 최대 지원 한도는 430만 원 이내이고, 시설은 최대 2,000만 원 이내로 2배 이상 차이가 난다.

Answer 2.③

3 다음은 OO 금융 공사의 동향 보고서이다. 이를 평가한 것으로 글의 내용과 부합하지 않는 것은?

> 연방준비제도(이하 연준)가 고용 증대에 주안점을 둔 정책을 입안한다 해도 정책이 분배에 미치는 영향을 고려하지 않는다면, 그 정책은 거품과 불평등만 부풀릴 것이다. 기술 산업의 거품 붕괴로 인한 경기 침체에 대응하여 2000년대 초에 연준이 시행한 저금리 정책이 이를 잘 보여준다.
>
> 특정한 상황에서는 금리 변동이 투자와 소비의 변화를 통해 경기와 고용에 영향을 줄 수 있다. 하지만 다른 수단이 훨씬 더 효과적인 상황도 많다. 가령 부동산 거품에 대한 대응책으로는 금리 인상보다 주택 담보 대출에 대한 규제가 더 합리적이다. 생산적 투자를 위축시키지 않으면서 부동산 거품을 가라앉힐 수 있기 때문이다.
>
> 경기 침체기라 하더라도 금리 인하는 은행의 비용을 줄여주는 것 말고는 경기 회복에 별다른 도움이 되지 않을 수 있다. 대부분의 부분에서 설비 가동률이 낮은 상황이라면, 2000년대 초가 바로 그런 상황이었기 때문에, 당시의 저금리 정책은 생산적인 투자 증가 대신에 주택 시장의 거품만 초래한 것이다.
>
> 금리 인하는 국공채에 투자했던 퇴직자들의 소득을 감소시켰다. 노년층에서 정부로, 정부에서 금융업으로 부의 대규모 이동이 이루어져 불평등이 심화되었다. 이에 따라 금리 인하는 다양한 경로로 소비를 위축시켰다. 은퇴 후의 소득을 확보하기 위해, 혹은 자녀의 학자금을 확보하기 위해 사람들은 저축을 늘렸다. 연준은 금리 인하가 주가 상승으로
>
> 이어질 것이므로 소비가 늘어날 것이라고 주장했다. 하지만 2000년대 초 연준의 금리 인하 이후 주가 상승에 따라 발생한 이득은 대체로 부유층에 집중되었으므로 대대적인 소비 증가로 이어지지 않았다.
>
> 2000년대 초 고용 증대를 기대하고 시행한 연준의 저금리 정책은 노동을 자본으로 대체하는 투자를 증대시켰다. 인위적인 저금리로 자본 비용이 낮아지자 이런 기회를 이용하려는 유인이 생겨났다. 노동력이 풍부한 상황인데도 노동을 절약하는 방향의 혁신이 강화되었고, 미숙련 노동자들의 실업률이 높은 상황인데도 가계들은 계산원을 해고하고 자동화 기계를 들여놓았다. 경기가 회복되더라도 실업률이 떨어지지 않는 구조가 만들어진 것이다.

① 갑 : 2000년대 초 연준의 금리 인하로 국공채에 투자한 퇴직자의 소득이 줄어들어 금융업에서 정부로 부가 이동하였다.

② 을 : 2000년대 초 연준은 고용 증대를 기대하고 금리를 인하했지만 결과적으로 고용 증대가 더 어려워지도록 만들었다.

③ 병 : 2000년대 초 기술 산업 거품의 붕괴로 인한 경기 침체기에 설비 가동률은 대부분 낮은 상태였다.

④ 정 : 2000년대 초 연준이 금리 인하 정책을 시행한 후 주택 가격과 주식 가격은 상승하였다.

⑤ 무 : 금리 인상은 부동산 거품 대응 정책 가운데 가장 효과적인 정책이 아닐 수 있다.

✔ **해설** 갑은 2000년대 초 연준의 금리 인하로 국공채에 투자한 퇴직자의 소득이 줄어들어 금융업으로부터 정부로 부가 이동했다고 보고 있다. 그러나 네 번째 문단을 보면 금리 인하가 실시되면서 노년층에서 정부로, 정부에서 금융업으로 부의 대규모 이동이 이루어졌다. 즉 '금융업으로부터 정부로 부가 이동했다고 보는 것'은 제시문과 역행하는 것이다.

② 다섯 번째 문단에는 2000년대 초 연준의 저금리 정책은 고용 증대를 위해 시행되었다. 그리고 저금리로 자본 비용이 낮아지면 노동 절약을 위한 혁신이 강화되어 고용 증대는 이루어지지 않았음을 지적한다.

③ 첫 번째 문단에서는 저금리 정책이 시행되던 2000년대 초는 기술 산업의 거품 붕괴로 인해 경기 침체가 발생한 상황이 나타난다. 세 번째 문단 역시 2000년대 초에 설비 가동률이 낮았음을 언급하고 있다.

④ 세 번째 문단은 2000년대 초의 저금리 정책이 주택 시장의 거품을 초래했다고 설명한다. 또한 네 번째 문단에서는 연준의 금리 인하 이후 주가가 상승했음이 나타난다. 이를 통해 금리 인하 정책이 시행된 후 주택 가격과 주식 가격이 상승했음을 알 수 있다는 정의 주장을 확인할 수 있다.

⑤ 두 번째 문단을 보면 부동산 거품에 대한 더 합리적인 대응책은 금리의 변동보다 주택 담보 대출에 대한 규제이다.

4 귀하는 OO공단의 직원으로 공문서 교육을 담당하게 되었다. 신입사원을 대상으로 아래의 규정을 교육한 후 적절한 평가를 한 사람은?

제00조(문서의 성립 및 효력발생)

① 문서는 결재권자가 해당 문서에 서명(전자이미지서명, 전자문자서명 및 행정 전자서명을 포함한다.)의 방식으로 결재함으로 성립한다.

② 문서는 수신자에게 도달(전자문서의 경우는 수신자가 지정한 전자적 시스템에 입력되는 것을 말한다.)됨으로써 효력이 발생한다.

③ 제2항에도 불구하고 공고문서는 그 문서에서 효력발생 시기를 구체적으로 밝히고 있지 않으면 그 고시 또는 공고가 있는 날부터 5일이 경과한 때에 효력이 발생한다.

제00조(문서 작성의 일반원칙)

① 문서는 어문규범에 맞게 한글로 작성하되, 뜻을 정확하게 전달하기 위하여 필요한 경우에는 괄호 안에 한자나 그 밖의 외국어를 함께 적을 수 있으며, 특별한 사유가 없으면 가로로 쓴다.

② 문서의 내용은 간결하고 명확하게 표현하고 일반화되지 않은 약어와 전문용어 등의 사용을 피하여 이해하기 쉽게 작성하여야 한다.

③ 문서에는 음성정보나 영상정보 등을 수록할 수 있고 연계된 바코드 등을 표기할 수 있다.

④ 문서에 쓰는 숫자는 특별한 사유가 없으면 아라비아 숫자를 쓴다.

⑤ 문서에 쓰는 날짜는 숫자를 표기하되, 연·월·일의 글자는 생략하고 그 자리에 온점(.)을 찍어 표기하며, 시·분은 24시각제에 따라 숫자로 표기하되, 시·분의 글자는 생략하고 그 사이에 쌍점(:)을 찍어 구분한다. 다만 특별한 사유가 있으면 다른 방법으로 표시할 수 있다.

---

① 박 사원 : 문서에 '2025년 7월 18일 오후 11시 30분'을 표기해야 할 때 특별한 사유가 없으면 '2025. 7. 18. 23:30'으로 표기한다.
② 채 사원 : 2025년 9월 7일 공고된 문서에 효력발생 시기가 구체적으로 명시되지 않은 경우 그 문서의 효력은 즉시 발생한다.
③ 한 사원 : 전자문서의 경우 해당 수신자가 지정한 전자적 시스템에 도달한 문서를 확인한 때부터 효력이 발생한다.
④ 현 사원 : 문서 작성 시 이해를 쉽게 하기 위해 일반화되지 않은 약어와 전문 용어를 사용하여 작성하여야 한다.
⑤ 윤 사원 : 연계된 바코드는 문서에 함께 표기할 수 없기 때문에 영상 파일로 처리하여 첨부하여야 한다.

✔ 해설 문서 작성의 일반원칙 제5항에 의거하여 연·월·일의 글자는 생략하고 그 자리에 온점(.)을 찍어 표시한다. '2025년 7월 18일'은 '2025. 7. 18.'로, 시·분은 24시각제에 따라 쌍점을 찍어 구분하므로 '오후 11시 30분'은 '23:30':으로 표기해야 한다.
② 문서의 성립 및 효력발생 제3항에 의거하여 문서의 효력은 시기를 구체적으로 밝히고 있지 않으면 즉시 효력이 발생하는 것이 아니고 고시 또는 공고가 있는 날부터 5일이 경과한 때에 발생한다.
③ 문서의 성립 및 효력발생 제2항에 의거하여 전자문서의 경우 수신자가 확인하지 않더라도 지정한 전자적 시스템에 입력됨으로써 효력이 발생한다.
④ 문서 작성의 일반원칙 제2항에 의거하여 문서의 내용은 일반화되지 않은 약어와 전문 용어 등의 사용을 피하여야 한다.
⑤ 문서 작성의 일반원칙 제3항에 의거하여 문서에는 영상정보 등을 수록할 수 있고 연계된 바코드 등을 표기할 수 있다.

┃5~6┃ 다음은 소비자 보호 기관의 보고서이다. 이를 읽고 물음에 답하시오.

사회 구성원들이 경제적 이익을 추구하는 과정에서 불법 행위를 감행하기 쉬운 상황일수록 이를 억제하는 데에는 금전적 제재 수단이 효과적이다.

현행법상 불법 행위에 대한 금전적 제재 수단에는 민사적 수단인 손해 배상, 형사적 수단인 벌금, 행정적 수단인 과징금이 있으며, 이들은 각각 피해자의 구제, 가해자의 징벌, 법 위반 상태의 시정을 목적으로 한다. 예를 들어 기업들이 담합하여 제품 가격을 인상했다가 적발된 경우, 그 기업들은 피해자에게 손해 배상 소송을 제기당하거나 법원으로부터 벌금형을 선고받을 수 있고 행정기관으로부터 과징금도 부과 받을 수 있다. 이처럼 하나의 불법 행위에 대해 세 가지 금전적 제재가 내려질 수 있지만 제재의 목적이 서로 다르므로 중복 제재는 아니라는 것이 법원의 판단이다.

그런데 우리나라에서는 기업의 불법 행위에 대해 손해 배상 소송이 제기되거나 벌금이 부과되는 사례는 드물어서, 과징금 등 행정적 제재 수단이 억제 기능을 수행하는 경우가 많다. 이런 상황에서는 과징금 등 행정적 제재의 강도를 높임으로써 불법 행위의 억제력을 끌어올릴 수 있다. 그러나 적발 가능성이 매우 낮은 불법 행위의 경우에는 과징금을 올리는 방법만으로는 억제력을 유지하는 데 한계가 있다. 또한, 피해자에게 귀속되는 손해 배상금과는 달리 벌금과 과징금은 국가에 귀속되므로 과징금을 올려도 피해자에게는 ㉠직접적인 도움이 되지 못한다. 이 때문에 적발 가능성이 매우 낮은 불법 행위에 대해 억제력을 높이면서도 손해 배상을 더욱 충실히 할 방안들이 요구되는데 그 방안 중 하나가 '징벌적 손해 배상 제도'이다.

이 제도는 불법 행위의 피해자가 손해액에 해당하는 배상금에다 가해자에 대한 징벌의 성격이 가미된 배상금을 더하여 배상받을 수 있도록 하는 것을 내용으로 한다. 일반적인 손해 배상 제도에서는 피해자가 손해액을 초과하여 배상받는 것이 불가능하지만 징벌적 손해 배상 제도에서는 ㉡그것이 가능하다는 점에서 이례적이다. 그런데 ㉢이 제도는 민사적 수단인 손해 배상 제도이면서도 피해자가 받는 배상금 안에 ㉣벌금과 비슷한 성격이 가미된 배상금이 포함된다는 점 때문에 중복 제재의 발생과 관련하여 의견이 엇갈리며, 이 제도 자체에 대한 찬반양론으로 이어지고 있다.

이 제도의 반대론자들은 징벌적 성격이 가미된 배상금이 피해자에게 부여되는 ㉤횡재라고 본다. 또한 징벌적 성격이 가미된 배상금이 형사적 제재 수단인 벌금과 함께 부과될 경우에는 가해자에 대한 중복 제재가 된다고 주장한다. 반면에 찬성론자들은 징벌적 성격이 가미된 배상금을 피해자들이 소송을 위해 들인 시간과 노력에 대한 정당한 대가로 본다. 따라서 징벌적 성격이 가미된 배상금도 피해자의 구제를 목적으로 하는 민사적 제재의 성격을 갖는다고 보아야 하므로 징벌적 성격이 가미된 배상금과 벌금이 함께 부과되더라도 중복 제재가 아니라고 주장한다.

5 문맥을 고려할 때 ㉠~㉤에 대한 설명으로 적절하지 않은 것은?

① ㉠은 피해자가 금전적으로 구제받는 것을 의미한다.

② ㉡은 피해자가 손해액을 초과하여 배상받는 것을 가리킨다.

③ ㉢은 징벌적 손해 배상 제도를 가리킨다.

④ ㉣은 행정적 제재 수단으로서의 성격을 말한다.

⑤ ㉤은 배상금 전체에서 손해액에 해당하는 배상금을 제외한 금액을 의미한다.

> ✔**해설** 문단에서는 벌금이 형사적 수단이라고 언급되어 있으므로 행정적 제재 수단으로 규정한 것은 적절하지 않다.
> ① ㉠의 의미는 '피해자에게 귀속되는 손해 배상금'에 해당한다. 여기서 손해배상금은 문단에서 설명한 '손해 배상은 피해자의 구제를 목적으로 한다는 점'을 고려할 때 피해자가 금전적으로 구제받는 것을 의미한다.
> ② ㉡의 맥락은 일반적인 손해 배상 제도에서는 피해자가 손해액을 초과하여 배상받는 것이 불가능하지만 징벌적 손해 배상 제도에서는 피해자가 손해액을 초과하여 배상받는 것이 가능하다는 것을 나타낸다.
> ③ ㉢의 이 제도는 징벌적 손해 배상 제도를 설명하고 있다.
> ⑤ ㉤은 네 번째 문단 앞부분에 "이 제도는 불법 행위의 피해자가 손해액에 해당하는 배상금에다 가해자에 대한 징벌의 성격이 가미된 배상금을 더하여 배상받을 수 있도록 하는 것을 내용으로 한다"는 내용이 언급되어 있다. 따라서 '횡재'가 의미하는 것은 손해액보다 더 받는 돈에 해당하는 징벌적 성격이 가미된 배상을 의미한다.

Answer 5.④

6 윗글을 바탕으로 〈보기〉를 이해한 내용으로 적절하지 않은 것은?

> 〈보기〉
>
> 우리나라의 법률 중에는 징벌적 손해 배상 제도의 성격을 가진 규정이 「하도급거래 공정화에 관한 법률」 제35조에 포함되어 있다. 이 규정에 따르면 하도급거래 과정에서 자기의 기술자료를 유용당하여 손해를 입은 피해자는 그 손해의 3배까지 가해자로부터 배상받을 수 있다.

① 박 사원 : 이 규정에 따라 피해자가 받게 되는 배상금은 국가에 귀속되겠군.

② 이 주임 : 이 규정의 시행으로, 기술자료를 유용해 타인에게 손해를 끼치는 행위가 억제되는 효과가 생기겠군.

③ 유 대리 : 이 규정에 따라 피해자가 손해의 3배를 배상받을 경우에는 배상금에 징벌적 성격이 가미된 배상금이 포함되겠군.

④ 고 과장 : 일반적인 손해 배상 제도를 이용할 때보다 이 규정을 이용할 때에 피해자가 받을 수 있는 배상금의 최대한도가 더 커지겠군.

⑤ 김 팀장 : 이 규정이 만들어진 것으로 볼 때, 하도급거래 과정에서 발생하는 기술자료 유용은 적발 가능성이 매우 낮은 불법 행위에 해당하겠군.

✔ 해설 〈보기〉는 징벌적 손해 배상 제도를 설명하고 있는데, 네 번째 문단에서는 피해자에게 배상금을 지급한다고 설명되어 있으므로 박 사원의 '배상금을 국가에 귀속'한다는 것은 적절하지 않다.

② 세 번째 문단에서는 "적발 가능성이 매우 낮은 불법 행위에 대해 억제력을 높이면서도 손해 배상을 더욱 충실히 할 방안들이 요구되는데 그 방안 중 하나가 징벌적 손해 배상 제도다."라고 되어 있으므로 이 주임은 적절히 이해하였다.

③ 피해자가 받은 배상금은 손해액과 징벌적 성격이 가미된 배상금이므로 유 대리는 적절히 이해하였다.

④ 네 번째 문단에서는 "일반적인 손해 배상 제도에서는 피해자가 손해액을 초과하여 배상받는 것이 불가능하지만 징벌적 손해 배상 제도에서는 그것이 가능하다."라고 했으므로 고 과장은 적절히 이해하였다.

⑤ 세 번째 문단에서는 징벌적 손해 배상 제도가 나온 배경으로 "적발 가능성이 매우 낮은 불법 행위에 대해 억제력을 높이면서도 손해배상을 더욱 충실히 할 방안들이 요구되는데"라고 제시하였으므로 김 팀장은 적절히 이해하였다.

7

대부분의 사람들은 '이슬람', '중동', 그리고 '아랍'이라는 지역 개념을 혼용한다. 그러나 엄밀히 말하면 세 지역 개념은 서로 다르다.

우선 이슬람지역은 이슬람교를 믿는 무슬림이 많이 분포된 지역을 지칭하는 것으로 종교적인 관점에서 구분한 지역 개념이다. 오늘날 무슬림은 전 세계 약 57개국에 많게는 약 16억, 적게는 약 13억이 분포된 것으로 추정되며, 그 수는 점점 더 증가하는 추세이다. 무슬림 인구는 이슬람교가 태동한 중동지역에 집중되어 있다. 또한 무슬림은 중국과 중앙아시아, 동남아시아, 북아프리카 지역에 걸쳐 넓게 분포해 있다.

중동이란 단어는 오늘날 학계와 언론계에서 자주 사용되고 있다. 그러나 이 단어의 역사는 그리 길지 않다. 유럽, 특히 영국은 19세기 이래 아시아지역에서 식민정책을 펼치기 위해 전략적으로 이 지역을 근동, 중동, 극동의 세 지역으로 구분했으며, 이후 이러한 구분은 런던 타임즈에 기고된 글을 통해 정착되었다. 따라서 이 단어 뒤에는 중동을 타자화한 유럽 중심적인 사고관이 내재되어 있다.

중동지역의 지리적 정의는 학자에 따라, 그리고 국가의 정책에 따라 다르다. 북아프리카에 위치한 국가들과 소련 해체 이후 독립한 중앙아시아의 신생 독립국들을 이 지역에 포함시켜야 하는가에 대해서는 확고하게 정립된 입장은 아직 없지만, 일반적으로 합의된 중동지역에는 아랍연맹 22개국과 비아랍국가인 이란, 터키 등이 포함된다. 이 중 터키는 유럽연합 가입을 위해 계속적으로 노력하고 있으나 거부되고 있다.

이슬람지역이 가장 광의의 지역 개념이라면 아랍은 가장 협소한 지역 개념이다. 아랍인들은 셈족이라는 종족적 공통성과 더불어 아랍어와 이슬람 문화를 공유하고 있다. 아랍지역에 속하는 국가는 아랍연맹 회원국 22개국이다. 아랍연맹 회원국에는 아라비아 반도에 위치한 사우디아라비아, 바레인, 쿠웨이트, 이라크, 오만, 아랍에미리트 등과 북아프리카 지역의 알제리, 모로코, 리비아, 튀니지, 이집트, 수단 등이 포함된다.

㉠ 셈족의 혈통을 지닌 이라크의 많은 국민들은 아랍어를 사용한다.
㉡ 중동은 서구유럽의 식민정책이 반영된 단어로 그 지리적인 경계가 유동적이다.
㉢ 리비아는 이슬람지역에는 속하지만 일반적으로 합의된 중동지역에는 속하지 않는다.
㉣ 일반적으로 합의된 중동지역에 속하지만 아랍지역에 속하지 않는 국가로는 이란이 있다.
㉤ 이슬람지역이 종교적인 관점에서 구별된 지역 개념이라면 아랍지역은 언어·종족·문화적 관점에서 구별된 지역 개념이다.

① 1개   ② 2개

③ 3개

④ 4개

⑤ 5개

8

고생물의 골격, 이빨, 패각 등의 단단한 조직은 부패와 속성작용에 대한 내성을 가지고 있기 때문에 화석으로 남기 쉽다. 여기서 속성작용이란 퇴적물이 퇴적분지에 운반·퇴적된 후 단단한 암석으로 굳어지기까지의 물리·화학적 변화를 포함하는 일련의 과정을 일컫는다. 그러나 이들 딱딱한 조직도 지표와 해저 등에서 지하수와 박테리아의 분해작용을 받으면 화석이 되지 않는다. 따라서 딱딱한 조직을 가진 생물은 전혀 그렇지 않은 생물보다 화석이 될 가능성이 크지만, 그것은 어디까지나 이차적인 조건이다.

화석이 되기 위해서는 우선 지질시대를 통해 고생물이 진화·발전하여 개체수가 충분히 많아야 한다. 다시 말하면, 화석이 되어 남는 고생물은 그 당시 매우 번성했던 생물인 것이다. 진화론에서 생물이 한 종에서 다른 종으로 진화할 때 중간 단계의 전이형태가 나타나지 않음은 오랫동안 문제시되어 왔다. 이러한 '잃어버린 고리'에 대한 합리적 해석으로 엘드리지와 굴드가 주장한 단속 평형설이 있다. 이에 따르면 새로운 종은 모집단에서 변이가 누적되어 서서히 나타나는 것이 아니라 모집단에서 이탈, 새로운 환경에 도전하는 소수의 개체 중에서 비교적 이른 시간에 급속하게 출현한다. 따라서 자연히 화석으로 남을 기회가 상대적으로 적다는 것이다.

고생물의 사체가 화석으로 남기 위해서는 분해 작용을 받지 않아야 하고 이를 위해 가능한 한 급속히 퇴적물 속에 매몰될 필요가 있다. 대개의 경우 이러한 급속 매몰은 바람, 파도, 해류의 작용에 의한 마멸, 파괴 등의 기계적인 힘으로부터 고생물의 사체를 보호한다거나, 공기와 수중의 산소와 탄소에 의한 화학적인 분해 및 박테리아에 의한 분해, 포식동물에 의한 생물학적인 파괴를 막아 줄 가능성이 높기 때문이다. 퇴적물 속에 급속히 매몰되면 딱딱한 조직을 가지지 않은 해파리와 같은 생물도 화석으로 보존될 수 있으므로 급속 매몰이 중요한 의의를 가진다.

㉠ 화석의 고생물이 생존했던 당시에는 대부분의 생물이 딱딱한 조직을 가지고 있었음을 알 수 있다.

㉡ 딱딱한 조직이 없는 고생물은 퇴적물 속에 급속히 매몰되어도 분해작용을 받으면 화석으로 남기 어렵다.

㉢ 단속 평형설은 연관된 화석의 발굴과 분석을 통하여 생물의 진화상 중간단계의 생물종을 설명하고 있다.

㉣ 고생물의 사체가 땅 속에 급속히 매몰되면 지하수에 의해 분해될 가능성이 높아져서 화석의 수가 급격하게 감소된다.

㉤ 진화의 중간단계에 해당하는 고생물의 화석이 존재하지 않는 것은 이것들이 대부분 딱딱한 조직이 없는 생물이었기 때문이다.

① 1개
③ 3개
⑤ 5개

② 2개
④ 4개

✔ 해설 ㉡만 제시된 글의 내용과 부합한다.

㉠ 첫 문단 마지막 부분에 따르면 딱딱한 조직을 가진 생물은 화석이 될 가능성이 크지만 어디까지나 이차적인 조건이라고 언급하고 있다. 또한 마지막 문단에서 퇴적물 속에 급속히 매몰되면 딱딱한 조직을 가지지 않은 해파리와 같은 생물도 화석으로 보존될 수 있다고 말하고 있으므로, 대부분의 생물이 딱딱한 조직을 가지고 있었다고 할 수는 없다.

㉢ 단속 평형설은 중간 단계의 전이형태가 나타나지 않는 이유를 설명하고 있다.

㉣ 마지막 문단에 따르면 수중의 산소와 탄소에 의한 화학적인 분해를 막아 줄 가능성이 높아져서 화석의 수가 증가될 가능성이 있다.

㉤ 두 번째 문단에 따르면 화석이 되기 위해서는 고생물이 진화·발전하여 개체수가 충분히 많아야 한다. 그러나 진화의 중간단계에 해당하는 고생물은 모집단에서 변이가 누적되어 서서히 나타나는 것이 아니라 모집단에서 이탈, 새로운 환경에 도전하는 소수의 개체 중에서 비교적 이른 시간에 급속하게 출현한다. 따라서 자연히 화석으로 남을 기회가 상대적으로 적은 것이다.

Answer 8.①

9 다음은 기업의 정기 주주 총회 소집 공고문이다. 이에 대한 설명으로 옳은 것을 모두 고른 것은?

[정기 주주 총회 소집 공고]

상법 제 361조에 의거 ㈜ ○○기업 정기 ㉮주주 총회를 아래와 같이 개최하오니 ㉯주주님들의 많은 참석 바랍니다.

– 아래 –

1. 일시 : 2025년 3월 25일(화) 오후 2시
2. 장소 : 본사 1층 대회의실
3. 안건
 – 제1호 의안 : 제7기(2024. 1. 1 ～ 2024. 12. 31)
        재무제표 승인의 건
 – 제2호 의안 : ㉰이사 보수 한도의 건
 – 제3호 의안 : ㉱감사 선임의 건

– 생략 –

㉠ ㉮는 이사회의 하위 기관이다.
㉡ ㉯는 증권 시장에서 주식을 거래할 수 있다.
㉢ ㉰는 별도의 절차 없이 대표 이사가 임명을 승인한다.
㉣ ㉱는 이사회의 업무 및 회계를 감시한다.

---

① ㉠㉡ 　　　　　　　　　② ㉠㉢

③ ㉡㉢ 　　　　　　　　　④ ㉡㉣

⑤ ㉢㉣

> ✔해설 주주는 증권 시장을 통해 자신들의 주식을 거래할 수 있으며, 감사는 이사회의 업무 및 회계를 감시한다.

10 다음은 시공업체 선정 공고문의 일부이다. 이를 통해 알 수 있는 경쟁 매매 방식에 대한 적절한 설명을 모두 고른 것은?

시공업체 공고문

공고 제20××-5호

○○기업의 사원연수원 설치에 참여할 시공업체를 다음과 같이 선정하고자 합니다.

1. 사업명 : ○○기업의 사원연수원 설치 시공업체 선정
2. 참가조건 : △△ 지역 건설업체로 최근 2년 이내에 기업 연수원 설치 참여 기업
3. 사업개요 : ○○기업 홈페이지 공지사항 참고
4. 기타 : 유찰 시에는 시공업체 선정을 재공고 할 수 있음

㉠ 입찰 참가자는 주로 서면으로 신청한다.
㉡ 최저 가격을 제시한 신청자가 선정된다.
㉢ 신속하게 처리하기 위한 경매에 해당한다.
㉣ 판매자와 구매자 간 동시 경쟁으로 가격이 결정된다.

① ㉠㉡ ② ㉠㉢
③ ㉡㉢ ④ ㉡㉣
⑤ ㉢㉣

✔ 해설 입찰 매매는 서면으로 최고 및 최저 가격을 제시한 자와 계약을 체결하며 주로 관공서나 공기업 등의 물품 구입이나 공사 발주 시 이용된다.

서양음악의 기보는 오선지 위에 음표를 기재하는 방식으로 이루어진다. 오선지 상에서 각 음의 이름은 아래의 〈그림〉과 같으며, 동일한 음 간의 간격을 1도, 바로 인접한 음과의 간격을 2도라 하고 8도 떨어진 음을 '옥타브 위의 음'이라고 한다.

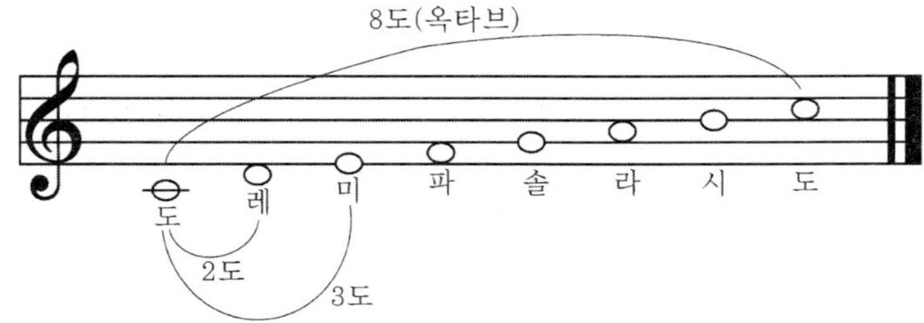

중세시대 성가들은 8개의 교회선법을 기초로 만들어졌다. 그 8개의 선법은 4개의 '정격선법'과 이와 짝을 이루는 4개의 '변격선법'으로 이루어져 있다. 4개의 정격선법에는 도리아, 프리지아, 리디아, 믹소리디아가 있고, 이들 선법은 서로 다른 하나의 '종지음'을 갖고 있다. '종지음'이라는 명칭의 유래는 어느 한 선법을 기초로 만들어진 성가는 반드시 그 선법의 종지음으로 끝난다는 특징에서 기인한다. 도리아-프리지아-리디아-믹소리디아 선법은 도리아 선법의 종지음인 '레'음에서 2도씩 순차적으로 높아지는 음을 종지음으로 갖는다. 각 정격선법은 그 종지음으로부터 옥타브 위까지의 8개 음으로 이루어지며, 이 8개의 음을 '음역'이라 한다.

정격선법과 짝을 이루는 변격선법의 이름은 정격선법 이름에 '히포'라는 접두어를 붙여 부른다. 예를 들면 도리아 선법의 변격선법은 히포도리아 선법이 된다. 각 변격선법은 상응하는 정격선법과 같은 종지음을 갖지만 그 음역은 종지음으로부터 아래로는 4도, 위로는 5도까지 펼쳐져 있다.

교회선법에는 종지음 외에 특별히 강조되는 음이 하나 더 있는데 이 음을 '중심음'이라고 한다. 원칙적으로는 정격선법의 중심음은 종지음으로부터 5도 위의 음이다. 다만 프리지아 선법에서처럼 종지음으로부터 5도 위의 음이 '시'음이 될 때에는 그 위의 '도'음이 중심음이 된다. 변격선법에서는 짝을 이루는 정격선법의 중심음으로부터 3도 아래의 음이 그 변격선법의 중심음이 되는데, 역시 이때도 3도 아래의 음이 '시'음일 경우는 바로 위의 '도'음이 중심음이 된다.

11 도리아 선법을 악보로 나타낸 것으로 바른 것은?

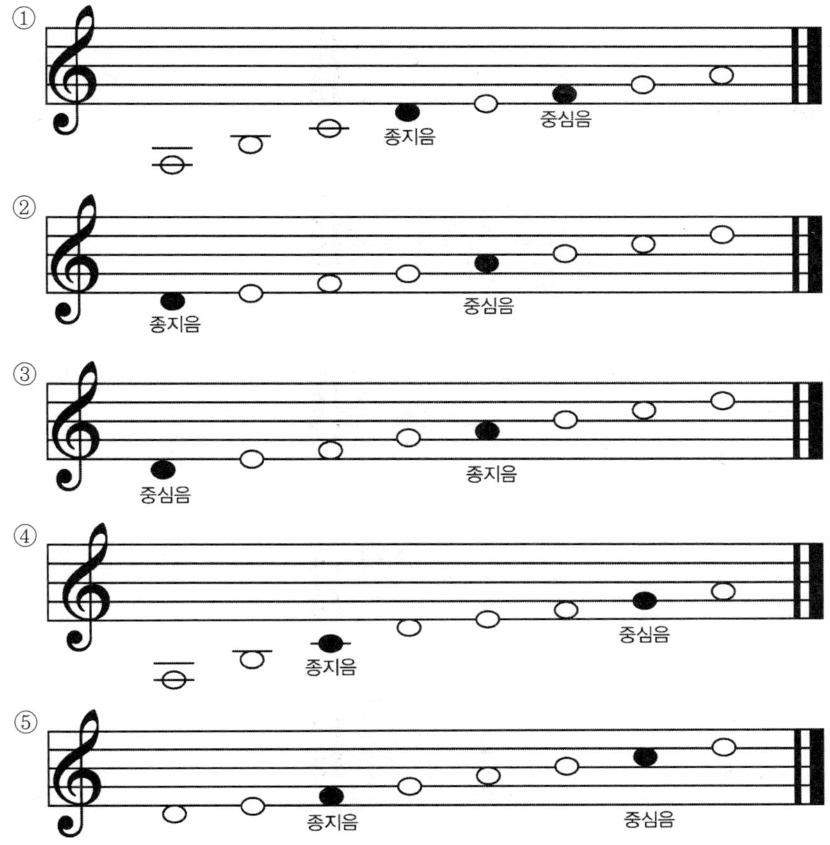

✔ **해설** 도리아 선법의 종지음은 '레'음이고 중심음은 이보다 5도 위의 음인 '라'음이다.

Answer 11.②

12 히포프리지아 선법을 악보로 나타낸 것으로 바른 것은?

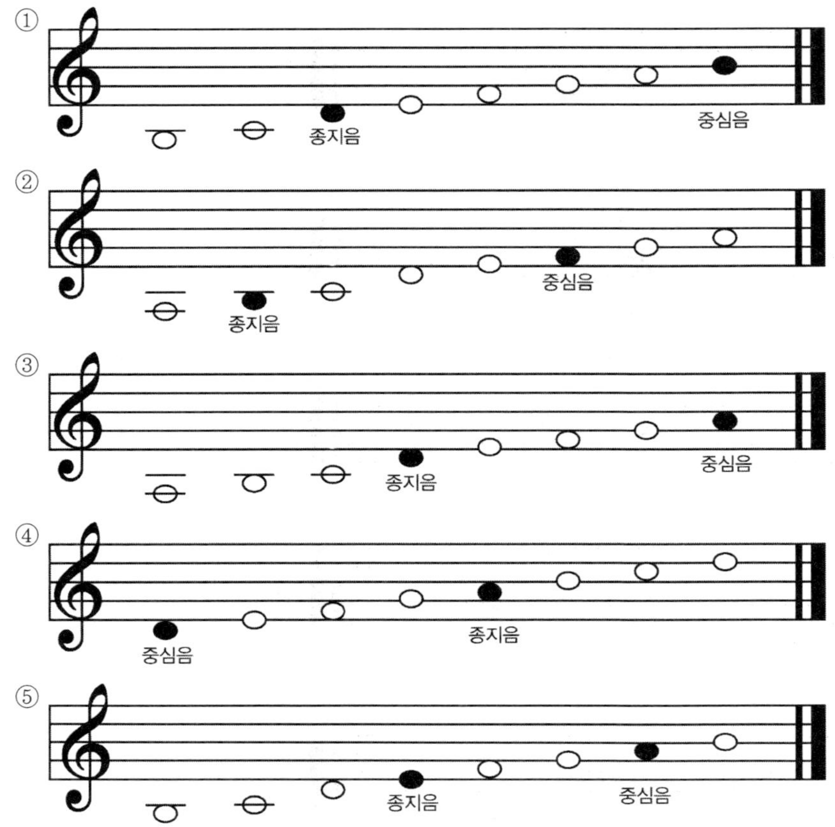

> **해설** 히포프리지아 선법은 '미'음을 종지음으로 갖는 프리지아 선법의 변격선법이다. 세 번째 문단에 따르면 변격선법은 상응하는 정격선법과 같은 종지음을 갖는다. 따라서 히포프리지아 선법의 종지음 역시 '미'음이다. 네 번째 문단에 따르면 변격선법에서는 짝을 이루는 정격선법의 중심음으로부터 3도 아래의 음이 변격선법의 중심음이 된다. 즉, 프리지아 선법의 중심음인 위의 '도'음에서 3도 아래인 '라'음이 된다. 이를 악보로 나타내면 ⑤와 같다.

13 다음 ㉠~㉣을 고쳐 쓰기 위한 방안으로 적절하지 않은 것은?

> 매년 장마철이면 한강에서 ㉠수만 마리의 물고기가 떼죽음을 당합니다. 공장폐수와 생활하수를 흘려보내는 시민들의 탓만은 아닙니다. ㉡그래서 자연은 더 이상 인간의 무분별한 파괴를 너그럽게 ㉢묵인해주지 않습니다. ㉣또한 장마로 인한 호우 피해의 복구 또한 제대로 이뤄지지 않고 있습니다. 우리 모두가 사태의 심각성을 깨닫고, 자연과 ㉤조화하는 삶의 태도를 지녀야 하는 것입니다.

① ㉠의 '마리'는 수를 세는 단위이므로 붙여 써야겠어.
② ㉡은 접속어의 사용이 잘못되어 문장의 연결이 어색해. '하지만'으로 고치는 게 좋겠어.
③ ㉢은 '모르는 체하고 하려는 대로 내버려 둠으로써 슬며시 인정함'이라는 뜻으로 단어의 사용이 잘못되었어.
④ ㉣은 글의 통일성을 저해하니 삭제해야겠어.
⑤ ㉤은 '어울리는'으로 바꿔도 문제없겠어.

> ✔해설 한글 맞춤법 제43항에 따르면 '단위를 나타내는 명사는 띄어 쓴다.'라고 규정하고 있다. 다만, 순서를 나타내는 경우나 숫자와 어울리어 쓰이는 경우에는 붙여 쓸 수 있다.

14 공문서를 작성할 경우, 명확한 의미의 전달은 의사소통을 하는 일에 있어 가장 중요한 요소라고 할 수 있다. 다음에 제시되는 문장 중 명확하지 않은 중의적인 의미를 포함하고 있는 문장이 아닌 것은 어느 것인가?

① 울면서 떠나는 영희에게 철수는 손을 흔들었다.
② 친구들이 약속 장소에 다 나오지 않았다.
③ 대학 동기동창이던 하영이와 원태는 지난 달 결혼을 하였다.
④ 그녀를 기다리고 있던 성진이는 길 건너편에서 모자를 쓰고 있었다.
⑤ 그곳까지 간 김에 나는 철수와 영희를 만나고 돌아왔다.

> ✔해설 ② 약속 장소에 친구 전체가 나오지 않은 것인지, 일부만 나오지 않은 것인지 불분명하다.
> ③ 하영이와 원태가 서로 결혼을 한 것인지, 각자 다른 사람과 결혼한 것인지 불분명하다.
> ④ 성진이가 모자를 쓴 '상태'인지, 모자를 쓰고 있는 '행동'인지 불분명하다.
> ⑤ 내가 만난 사람이 철수와 영희인지, 나와 철수가 만난 사람이 영희인지 불분명하다.

Answer 12.⑤ 13.① 14.①

15 두 과학자 진영 A와 B의 진술 내용과 부합하지 않는 것은?

> 우리 은하와 비교적 멀리 떨어져 있는 은하들이 모두 우리 은하로부터 점점 더 멀어지고 있다는 사실이 확인되었다. 이 사실을 두고 우주의 기원과 구조에 대해 서로 다른 견해를 가진 두 진영이 다음과 같이 논쟁하였다.
>
> A진영 : 우주는 시간적으로 무한히 오래되었다. 우주가 팽창하는 것은 사실이다. 그렇다고 우리 견해가 틀렸다고 볼 필요는 없다. 우주는 팽창하지만 전체적으로 항상성을 유지한다. 은하와 은하가 멀어질 때 그 사이에서 물질이 연속적으로 생성되어 새로운 은하들이 계속 형성되기 때문이다. 비록 우주는 약간씩 변화가 있겠지만, 우주 전체의 평균 밀도는 일정하게 유지된다. 만일 은하 사이에서 새로 생성되는 은하를 관측한다면, 우리의 가설을 입증할 수 있다. 반면 우주가 자그마한 씨앗으로부터 대폭발에 의해 생겨났다는 주장은 터무니없다. 이처럼 방대한 우주의 물질과 구조가 어떻게 그토록 작은 점에 모여 있을 수 있겠는가?
>
> B진영 : A의 주장은 터무니없다. 은하 사이에서 새로운 은하가 생겨난다면 도대체 그 물질은 어디서 온 것이라는 말인가? 은하들이 우리 은하로부터 점점 더 멀어지고 있다는 사실은 오히려 우리 견해가 옳다는 것을 입증할 뿐이다. 팽창하는 우주를 거꾸로 돌린다면 우주가 시공간적으로 한 점에서 시작되었다는 결론을 얻을 수 있다. 만일 우주 안의 모든 물질과 구조가 한 점에 있었다면 초기 우주는 현재와 크게 달랐을 것이다. 대폭발 이후 우주의 물질들은 계속 멀어지고 있으며 우주의 밀도는 계속 낮아지고 있다. 대폭발 이후 방대한 전자기파가 방출되었는데, 만일 우리가 이를 관측한다면, 우리의 견해가 입증될 것이다.

① A에 따르면 물질의 총 질량이 보존되지 않는다.

② A에 따르면 우주는 시작이 없고, B에 따르면 우주는 시작이 있다.

③ A에 따르면 우주는 국소적인 변화는 있으나 전체적으로는 변화가 없다.

④ A와 B는 인접한 은하들 사이의 평균 거리가 커진다는 것을 받아들인다.

⑤ A와 B는 은하가 서로 멀어질 때 새로운 은하들이 형성된다고 보았다.

✔ **해설**　④ A는 은하와 은하가 멀어질 때 그 사이에서 물질이 연속적으로 생성되어 새로운 은하들이 계속 형성되기 때문에, 우주가 팽창하지만 전체적으로 항상성을 유지하며 평균 밀도가 일정하게 유지된다고 보고 있다.

16 문화체육관광부 홍보팀에 근무하는 김문화씨는 '탈춤'에 관한 영상물을 제작하는 프로젝트를 맡게 되었다. 제작계획서 중 다음의 제작 회의 결과가 제대로 반영되지 않은 것은?

> • 제목 : 탈춤 체험의 기록임이 나타나도록 표현
> • 주 대상층 : 탈춤에 무관심한 젊은 세대
> • 내용 : 실제 경험을 통해 탈춤을 알아가고 가까워지는 과정을 보여 주는 동시에 탈춤에 대한 정보를 함께 제공
> • 구성 : 간단한 이야기 형식으로 구성
> • 전달방식 : 정보들을 다양한 방식으로 전달

<제작계획서>

제목		'기획 특집 – 탈춤 속으로 떠나는 10일간의 여행'	①
제작 의도		젊은 세대에게 우리 고유의 문화유산인 탈춤에 대한 관심을 불러일으킨다.	②
전체 구성	중심 얼개	• 대학생이 우리 문화 체험을 위해 탈춤이 전승되는 마을을 찾아가는 상황을 설정한다. • 탈춤을 배우기 시작하여 마지막 날에 공연으로 마무리한다는 줄거리로 구성한다.	③
	보조 얼개	탈춤에 대한 정보를 별도로 구성하여 중간 중간에 삽입한다.	
전달 방식	해설	내레이션을 통해 탈춤에 대한 학술적 이견들을 깊이 있게 제시하여 탈춤에 조예가 깊은 시청자들의 흥미를 끌도록 한다.	④
	영상 편집	• 탈에 대한 정보를 시각 자료로 제시한다. • 탈춤의 종류, 지역별 탈춤의 특성 등에 대한 그래픽 자료를 보여 준다. • 탈춤 연습 과정과 공연 장면을 현장감 있게 보여 준다.	⑤

✔해설 ④ 해당 영상물의 제작 의도는 탈춤에 무관심한 젊은 세대를 대상으로 하여 우리 고유의 문화유산인 탈춤에 대한 관심을 불러일으키기 위한 것이다. 따라서 탈춤에 대한 학술적 이견들을 깊이 있게 제시하는 것은 제작 의도와 맞지 않는다.

17 다음 중 맞춤법이나 띄어쓰기에 틀린 데가 없는 것은?

① 그는 일본 생활에서 얻은 생각을 바탕으로 귀국하자 마자 형, 동생과 함께 항일 단체인 정의부, 군정서, 의열단에 가입하였다. 그리고 지금의 달성 공원 입구에 자리 잡고 있었던 조양 회관에서 벌이는 문화 운동에 적극적으로 참여하였다.

② 중국에서 이육사는 자금을 모아 중국에 독립군 기지를 건설하려는 몇몇의 독립 운동가들과 만날 수 있었다. 그는 이들과의 만남을 계기로 독립 운동에 본격적으로 참여하게 된다.

③ 이육사는 1932년에 난징으로 항일 무장 투쟁 단체인 의열단과 군사 간부 학교의 설립 장소를 찾아간다. 교육을 받는 동안 그는 늘상 최우수의 성적을 유지했으며, 권총 사격에서 대단한 실력을 보였다고 한다.

④ 이육사는 문단 생활을 하면서 친형제 이상의 우애를 나누었던 신석초에게도 자신의 신분을 밝히지 않았다. 어쩌다 고향인 안동에 돌아와서도 마을 사람이나 친척들과 별로 어울리지 않았다.

⑤ 이육사가 죽은 후, 1년 뒤에 일제강점기에서 해방되었다. 그 후, 1946년 신석초를 비롯한 문학인들에 의해 유고시집 「육사시집」이 가맹되었고, 1968년 고향인 경상북도 안동에 육사시비가 세워졌다.

> **✔ 해설**　① 귀국하자 마자 → 귀국하자마자
> ② 계기로 → 계기로
> ③ 늘상 → 늘
> ⑤ 가맹 → 간행

18 다음 글의 문맥으로 보아 밑줄 친 단어의 쓰임이 올바른 것은?

> 우리나라의 저임금 근로자가 소규모 사업체 또는 자영업자에게 많이 고용되어 있기 때문에 최저임금의 급하고 과도한 인상은 많은 자영업자의 추가적인 인건비 인상을 ㉠<u>표출할</u> 것이다. 이것은 최저임금위원회의 심의 과정에서 지속적으로 논의된 사안이며 ㉡<u>급박한</u> 최저임금 인상에 대한 가장 강력한 반대 논리이기도 하다. 아마도 정부가 최저임금 결정 직후에 매우 포괄적인 자영업 지원 대책을 발표한 이유도 이것 때문으로 보인다. 정부의 대책에는 기존의 자영업 지원 대책을 비롯하여 1차 분배를 개선하기 위한 장·단기적인 대책과 단기적 충격 완화를 위한 현금지원까지 포함되어 있다. 현금지원의 1차적인 목적은 자영업자 보호이지만 최저임금제도가 근로자 보호를 위한 제도이기 때문에 궁극적인 목적은 근로자의 고용 안정 도모이다. 현금지원에 고용안정자금이라는 꼬리표가 달린 이유도 이 때문일 것이다.
>
> 정부의 현금지원 발표 이후 이에 대한 비판이 쏟아졌다. 비판의 요지는 자영업자에게 최저임금 인상으로 인한 추가적인 인건비 부담을 현금으로 지원할거면 최저임금을 덜 올리고 현금지원 예산으로 근로 장려세제를 ㉢<u>축소하면</u> 되지 않느냐는 것이다. 그러나 이는 두 정책의 대상을 ㉣<u>혼동하기</u> 때문에 제기되는 주장이라고 판단된다. 최저임금은 1차 분배 단계에서 임금근로자를 보호하기 위한 제도적 틀이고 근로 장려세제는 취업의 의지가 낮은 노동자의 노동시장 참여를 ㉤<u>유보하기</u> 위해 고안된 사회부조(2차 분배)라는 점을 기억해야 할 것이다. 물론 현실적으로 두 정책의 적절한 조합이 필요할 것이다.

① ㉠   ② ㉡
③ ㉢   ④ ㉣
⑤ ㉤

해설 '구별하지 못하고 뒤섞어서 생각하다.'의 '혼동'은 올바르게 사용된 단어이며, '혼돈'으로 잘못 쓰지 않도록 주의해야 한다.
① 최저임금 인상이 자영업자의 추가적인 인건비 인상을 발생시키는 원인이 된다는 내용이므로 '표출'이 아닌 '초래'하는 것이라고 표현해야 한다.
② 앞의 내용으로 보아 급하고 과도한 최저임금 인상에 대한 수식어가 될 것이므로 '급격한'이 올바른 표현이다.
③ 최저임금 인상 대신 그만큼에 해당하는 근로 장려세제를 '확대'하는 것의 의미를 갖는 문장이다.
⑤ 취업 의지가 낮은 노동자들을 노동시장으로 참여시킨다는 의미가 포함된 문장이므로 그대로 둔다는 의미의 '유보'가 아닌, '유인'이 적절한 표현이 된다.

19 다음 글의 내용을 참고할 때, 빈 칸에 들어갈 가장 적절한 말은 어느 것인가?

사람을 비롯한 포유류에서 모든 피를 만드는 줄기세포는 뼈에 존재한다. 그러나 물고기의 조혈 줄기세포(조혈모세포)는 신장에 있다. 신체의 특정 위치 즉 '조혈 줄기세포 자리(blood stem cell niche)'에서 피가 만들어진다는 사실을 처음 알게 된 1970년대 이래, 생물학자들은 생물들이 왜 서로 다른 부위에서 이 기능을 수행하도록 진화돼 왔는지 궁금하게 여겨왔다. 그 40년 뒤, 중요한 단서가 발견됐다. 조혈 줄기세포가 위치한 장소는 (   ) 진화돼 왔다는 사실이다.

이번에 발견된 '조혈 줄기세포 자리' 퍼즐 조각은 조혈모세포 이식의 안전성을 증진시키는데 도움이 될 것으로 기대된다. 연구팀은 실험에 널리 쓰이는 동물모델인 제브라피쉬를 관찰하다 영감을 얻게 됐다.

프리드리히 카프(Friedrich Kapp) 박사는 "현미경으로 제브라피쉬의 조혈 줄기세포를 관찰하려고 했으나 신장 위에 있는 멜라닌세포 층이 시야를 가로막았다"고 말했다. 멜라닌세포는 인체 피부 색깔을 나타내는 멜라닌 색소를 생성하는 세포다.

카프 박사는 "신장 위에 있는 멜라닌세포의 모양이 마치 파라솔을 연상시켜 이 세포들이 조혈줄기세포를 자외선으로부터 보호해 주는 것이 아닐까 하는 생각을 하게 됐다"고 전했다. 이런 생각이 들자 카프 박사는 정상적인 제브라피쉬와 멜라닌세포가 결여된 변이 제브라피쉬를 각각 자외선에 노출시켰다. 그랬더니 변이 제브라피쉬의 조혈 줄기세포가 줄어드는 현상이 나타났다. 이와 함께 정상적인 제브라피쉬를 거꾸로 뒤집어 자외선을 쬐자 마찬가지로 줄기세포가 손실됐다.

이 실험들은 멜라닌세포 우산이 물리적으로 위에서 내리쬐는 자외선으로부터 신장을 보호하고 있다는 사실을 확인시켜 주었다.

---

① 줄기세포가 햇빛과 원활하게 접촉할 수 있도록
② 줄기세포에 일정한 양의 햇빛이 지속적으로 공급될 수 있도록
③ 멜라닌 색소가 생성되기에 최적의 공간이 형성될 수 있도록
④ 멜라닌세포 층과 햇빛의 반응이 최소화될 수 있도록
⑤ 햇빛의 유해한 자외선(UV)으로부터 이 줄기세포를 보호하도록

✔ 해설 제브라피쉬의 실험은 햇빛의 자외선으로부터 줄기세포를 보호하는 멜라닌 세포를 제거한 후 제브라피쉬를 햇빛에 노출시켜 본 사실이 핵심적인 내용이라고 할 수 있다. 따라서 이를 통하여 알 수 있는 결론은, 줄기세포가 존재하는 장소는 햇빛의 자외선으로부터 보호받을 수 있는 방식으로 진화하게 되었다는 것이 타당하다고 볼 수 있다.

20 다음은 출산율 저하와 인구정책에 관한 글을 쓰기 위해 정리한 글감과 생각이다. 〈보기〉와 같은 방식으로 내용을 전개하려고 할 때 바르게 연결된 것은?

> ㉠ 가임 여성 1인당 출산율이 1.3명으로 떨어졌다.
> ㉡ 여성의 사회 활동 참여율이 크게 증가하고 있다.
> ㉢ 현재 시행되고 있는 출산장려 정책은 큰 효과가 없다.
> ㉣ 새롭고 실제 가정에 도움이 되는 출산장려 정책이 추진되어야 한다.
> ㉤ 가치관의 변화로 자녀의 필요성을 느끼지 않는다.
> ㉥ 인구 감소로 인해 노동력 부족 현상이 심화된다.
> ㉦ 노동 인구의 수가 국가 산업 경쟁력을 좌우한다.
> ㉧ 인구 문제에 대한 정부 차원의 대책을 수립한다.

<보기>
문제 상황 → 상황의 원인 → 주장 → 주장의 근거 → 종합 의견

	문제 상황	상황의 원인	예상 문제점	주장	주장의 근거	종합 의견
①	㉠, ㉡	㉤	㉢	㉣	㉥, ㉦	㉧
②	㉠	㉡, ㉤	㉥, ㉦	㉣	㉢	㉧
③	㉡, ㉤	㉥	㉠	㉢, ㉣	㉧	㉦
④	㉢	㉠, ㉡, ㉤	㉦	㉧	㉥	㉣
⑤	㉠	㉡, ㉢	㉥, ㉦	㉣	㉤	㉧

✔ 해설 • 문제 상황 : 출산율 저하(㉠)
• 출산율 저하의 원인 : 여성의 사회 활동 참여율(㉡), 가치관의 변화(㉤)
• 출산율 저하의 문제점 : 노동 인구의 수가 국가 산업 경쟁력을 좌우(㉦)하는데 인구 감소로 인해 노동력 부족 현상이 심화된다(㉥).
• 주장 : 새롭고 실제 가정에 도움이 되는 출산장려 정책이 추진되어야 한다(㉣).
• 주장의 근거 : 현재 시행되고 있는 출산장려 정책은 큰 효과가 없다(㉢).
• 종합 의견 : 인구 문제에 대한 정부 차원의 대책을 수립한다(㉧).

Answer 19.⑤ 20.②

1 문제와 문제해결

(1) 문제의 정의와 분류

① 정의 : 문제란 업무를 수행함에 있어서 답을 요구하는 질문이나 의논하여 해결해야 되는 사항이다.

② 문제의 분류

구분	창의적 문제	분석적 문제
문제제시 방법	현재 문제가 없더라도 보다 나은 방법을 찾기 위한 문제 탐구 → 문제 자체가 명확하지 않음	현재의 문제점이나 미래의 문제로 예견될 것에 대한 문제 탐구 → 문제 자체가 명확함
해결방법	창의력에 의한 많은 아이디어의 작성을 통해 해결	분석, 논리, 귀납과 같은 논리적 방법을 통해 해결
해답 수	해답의 수가 많으며, 많은 답 가운데 보다 나은 것을 선택	답의 수가 적으며 한정되어 있음
주요특징	주관적, 직관적, 감각적, 정성적, 개별적, 특수성	객관적, 논리적, 정량적, 이성적, 일반적, 공통성

(2) 업무수행과정에서 발생하는 문제 유형

① 발생형 문제(보이는 문제) : 현재 직면하여 해결하기 위해 고민하는 문제이다. 원인이 내재되어 있기 때문에 원인지향적인 문제라고도 한다.
   ㉠ 일탈문제 : 어떤 기준을 일탈함으로써 생기는 문제
   ㉡ 미달문제 : 어떤 기준에 미달하여 생기는 문제

② 탐색형 문제(찾는 문제) : 현재의 상황을 개선하거나 효율을 높이기 위한 문제이다. 방치할 경우 큰 손실이 따르거나 해결할 수 없는 문제로 나타나게 된다.
   ㉠ 잠재문제 : 문제가 잠재되어 있어 인식하지 못하다가 확대되어 해결이 어려운 문제
   ㉡ 예측문제 : 현재로는 문제가 없으나 현 상태의 진행 상황을 예측하여 찾아야 앞으로 일어날 수 있는 문제가 보이는 문제
   ㉢ 발견문제 : 현재로서는 담당 업무에 문제가 없으나 선진기업의 업무 방법 등 보다 좋은 제도나 기법을 발견하여 개선시킬 수 있는 문제

③ 설정형 문제(미래 문제) : 장래의 경영전략을 생각하는 것으로 앞으로 어떻게 할 것인가 하는 문제이다. 문제해결에 창조적인 노력이 요구되어 창조적 문제라고도 한다.

예제 1

D회사 신입사원으로 입사한 귀하는 신입사원 교육에서 업무수행과정에서 발생하는 문제 유형 중 설정형 문제를 하나씩 찾아오라는 지시를 받았다. 이에 대해 귀하는 교육받은 내용을 다시 복습하려고 한다. 설정형 문제에 해당하는 것은?

① 현재 직면하여 해결하기 위해 고민하는 문제
② 현재의 상황을 개선하거나 효율을 높이기 위한 문제
③ 앞으로 어떻게 할 것인가 하는 문제
④ 원인이 내재되어 있는 원인지향적인 문제

출제의도

업무수행 중 문제가 발생하였을 때 문제 유형을 구분하는 능력을 측정하는 문항이다.

해 설

업무수행과정에서 발생하는 문제 유형으로는 발생형 문제, 탐색형 문제, 설정형 문제가 있으며 ①④는 발생형 문제이며 ②는 탐색형 문제, ③이 설정형 문제이다.

답 ③

---

(3) 문제해결

① 정의 : 목표와 현상을 분석하고 이 결과를 토대로 과제를 도출하여 최적의 해결책을 찾아 실행·평가해 가는 활동이다.

② 문제해결에 필요한 기본적 사고
　㉠ 전략적 사고 : 문제와 해결방안이 상위 시스템과 어떻게 연결되어 있는지를 생각한다.
　㉡ 분석적 사고 : 전체를 각각의 요소로 나누어 그 의미를 도출하고 우선순위를 부여하여 구체적인 문제해결 방법을 실행한다.
　㉢ 발상의 전환 : 인식의 틀을 전환하여 새로운 관점으로 바라보는 사고를 지향한다.
　㉣ 내·외부자원의 활용 : 기술, 재료, 사람 등 필요한 자원을 효과적으로 활용한다.

③ 문제해결의 장애요소
　㉠ 문제를 철저하게 분석하지 않는 경우
　㉡ 고정관념에 얽매이는 경우
　㉢ 쉽게 떠오르는 단순한 정보에 의지하는 경우
　㉣ 너무 많은 자료를 수집하려고 노력하는 경우

④ 문제해결방법

 ㉠ 소프트 어프로치 : 문제해결을 위해서 직접적인 표현보다는 무언가를 시사하거나 암시를 통하여 의사를 전달하여 문제해결을 도모하고자 한다.

 ㉡ 하드 어프로치 : 상이한 문화적 토양을 가지고 있는 구성원을 가정하고, 서로의 생각을 직설적으로 주장하고 논쟁이나 협상을 통해 서로의 의견을 조정해 가는 방법이다.

 ㉢ 퍼실리테이션(facilitation) : 촉진을 의미하며 어떤 그룹이나 집단이 의사결정을 잘 하도록 도와주는 일을 의미한다.

2 문제해결능력을 구성하는 하위능력

(1) 사고력

① 창의적 사고 : 개인이 가지고 있는 경험과 지식을 통해 새로운 가치 있는 아이디어를 산출하는 사고능력이다.

 ㉠ 창의적 사고의 특징
- 정보와 정보의 조합
- 사회나 개인에게 새로운 가치 창출
- 창조적인 가능성

예제 2

M사 홍보팀에서 근무하고 있는 귀하는 입사 5년차로 창의적인 기획안을 제출하기로 유명하다. S부장은 이번 신입사원 교육 때 귀하에게 창의적인 사고란 무엇인지 교육을 맡아달라고 부탁하였다. 창의적인 사고에 대한 귀하의 설명으로 옳지 않은 것은?

① 창의적인 사고는 새롭고 유용한 아이디어를 생산해 내는 정신적인 과정이다.
② 창의적인 사고는 특별한 사람들만이 할 수 있는 대단한 능력이다.
③ 창의적인 사고는 기존의 정보들을 특정한 요구조건에 맞거나 유용하도록 새롭게 조합시킨 것이다.
④ 창의적인 사고는 통상적인 것이 아니라 기발하거나, 신기하며 독창적인 것이다.

출제의도

창의적 사고에 대한 개념을 정확히 파악하고 있는지를 묻는 문항이다.

해 설

흔히 사람들은 창의적인 사고에 대해 특별한 사람들만이 할 수 있는 대단한 능력이라고 생각하지만 그리 대단한 능력이 아니며 이미 알고 있는 경험과 지식을 해체하여 다시 새로운 정보로 결합하여 가치 있는 아이디어를 산출하는 사고라고 할 수 있다.

답 ②

ⓛ 발산적 사고 : 창의적 사고를 위해 필요한 것으로 자유연상법, 강제연상법, 비교발상법 등을 통해 개발할 수 있다.

구분	내용
자유연상법	생각나는 대로 자유롭게 발상 ex) 브레인스토밍
강제연상법	각종 힌트에 강제적으로 연결 지어 발상 ex) 체크리스트
비교발상법	주제의 본질과 닮은 것을 힌트로 발상 ex) NM법, Synectics

POINT 브레인스토밍
　ㄱ 진행방법
　　• 주제를 구체적이고 명확하게 정한다.
　　• 구성원의 얼굴을 볼 수 있는 좌석 배치와 큰 용지를 준비한다.
　　• 구성원들의 다양한 의견을 도출할 수 있는 사람을 리더로 선출한다.
　　• 구성원은 다양한 분야의 사람들로 5~8명 정도로 구성한다.
　　• 발언은 누구나 자유롭게 할 수 있도록 하며, 모든 발언 내용을 기록한다.
　　• 아이디어에 대한 평가는 비판해서는 안 된다.
　　ㄴ 4대 원칙
　　• 비판엄금(Support) : 평가 단계 이전에 결코 비판이나 판단을 해서는 안 되며 평가는 나중까지 유보한다.
　　• 자유분방(Silly) : 무엇이든 자유롭게 말하고 이런 바보 같은 소리를 해서는 안 된다는 등의 생각은 하지 않아야 한다.
　　• 질보다 양(Speed) : 질에는 관계없이 가능한 많은 아이디어들을 생성해내도록 격려한다.
　　• 결합과 개선(Synergy) : 다른 사람의 아이디어에 자극되어 보다 좋은 생각이 떠오르고, 서로 조합하면 재미있는 아이디어가 될 것 같은 생각이 들면 즉시 조합시킨다.

② 논리적 사고 : 사고의 전개에 있어 전후의 관계가 일치하고 있는가를 살피고 아이디어를 평가하는 사고능력이다.

　ㄱ 논리적 사고를 위한 5가지 요소 : 생각하는 습관, 상대 논리의 구조화, 구체적인 생각, 타인에 대한 이해, 설득

　ㄴ 논리적 사고 개발 방법

　　• 피라미드 구조 : 하위의 사실이나 현상부터 사고하여 상위의 주장을 만들어가는 방법

　　• so what기법 : '그래서 무엇이지?'하고 자문자답하여 주어진 정보로부터 가치 있는 정보를 이끌어 내는 사고 기법

③ 비판적 사고 : 어떤 주제나 주장에 대해서 적극적으로 분석하고 종합하며 평가하는 능동적인 사고이다.

　ㄱ 비판적 사고 개발 태도 : 비판적 사고를 개발하기 위해서는 지적 호기심, 객관성, 개방성, 융통성, 지적 회의성, 지적 정직성, 체계성, 지속성, 결단성, 다른 관점에 대한 존중과 같은 태도가 요구된다.

ⓛ 비판적 사고를 위한 태도

- 문제의식 : 비판적인 사고를 위해서 가장 먼저 필요한 것은 바로 문제의식이다. 자신이 지니고 있는 문제와 목적을 확실하고 정확하게 파악하는 것이 비판적인 사고의 시작이다.
- 고정관념 타파 : 지각의 폭을 넓히는 일은 정보에 대한 개방성을 가지고 편견을 갖지 않는 것으로 고정관념을 타파하는 일이 중요하다.

(2) 문제처리능력과 문제해결절차

① 문제처리능력 : 목표와 현상을 분석하고 이를 토대로 문제를 도출하여 최적의 해결책을 찾아 실행·평가하는 능력이다.

② 문제해결절차 : 문제 인식 → 문제 도출 → 원인 분석 → 해결안 개발 → 실행 및 평가

ⓐ 문제 인식 : 문제해결과정 중 'waht'을 결정하는 단계로 환경 분석 → 주요 과제 도출 → 과제 선정의 절차를 통해 수행된다.

- 3C 분석 : 환경 분석 방법의 하나로 사업환경을 구성하고 있는 요소인 자사(Company), 경쟁사(Competitor), 고객(Customer)을 분석하는 것이다.

L사에서 주력 상품으로 밀고 있는 TV의 판매 이익이 감소하고 있는 상황에서 귀하는 B부장으로부터 3C분석을 통해 해결방안을 강구해 오라는 지시를 받았다. 다음 중 3C에 해당하지 않는 것은?

① Customer
② Company
③ Competitor
④ Content

출제의도

3C의 개념과 구성요소를 정확히 숙지하고 있는지를 측정하는 문항이다.

해 설

3C 분석에서 사업 환경을 구성하고 있는 요소인 자사(Company), 경쟁사(Competitor), 고객을 3C (Customer)라고 한다. 3C 분석에서 고객 분석에서는 '고객은 자사의 상품·서비스에 만족하고 있는지'를, 자사 분석에서는 '자사가 세운 달성목표와 현상 간에 차이가 없는지'를 경쟁사 분석에서는 '경쟁기업의 우수한 점과 자사의 현상과 차이가 없는지'에 대한 질문을 통해서 환경을 분석하게 된다.

답 ④

- SWOT 분석 : 기업내부의 강점과 약점, 외부환경의 기회와 위협요인을 분석·평가하여 문제해결 방안을 개발하는 방법이다.

<table>
<tr><td rowspan="2" colspan="2"></td><td colspan="2">내부환경요인</td></tr>
<tr><td>강점(Strengths)</td><td>약점(Weaknesses)</td></tr>
<tr><td rowspan="4">외
부
환
경
요
인</td><td>기회
(Opportunities)</td><td>SO
내부강점과 외부기회 요인을 극대화</td><td>WO
외부기회를 이용하여 내부약점을 강점으로 전환</td></tr>
<tr><td>위협
(Threat)</td><td>ST
외부위협을 최소화하기 위해 내부강점을 극대화</td><td>WT
내부약점과 외부위협을 최소화</td></tr>
</table>

- ㉡ 문제 도출 : 선정된 문제를 분석하여 해결해야 할 것이 무엇인지를 명확히 하는 단계로, 문제 구조 파악→핵심 문제 선정 단계를 거쳐 수행된다.
  - Logic Tree : 문제의 원인을 파고들거나 해결책을 구체화할 때 제한된 시간 안에서 넓이와 깊이를 추구하는데 도움이 되는 기술로 주요 과제를 나무모양으로 분해·정리하는 기술이다.
- ㉢ 원인 분석 : 문제 도출 후 파악된 핵심 문제에 대한 분석을 통해 근본 원인을 찾는 단계로 Issue 분석→Data 분석→원인 파악의 절차로 진행된다.
- ㉣ 해결안 개발 : 원인이 밝혀지면 이를 효과적으로 해결할 수 있는 다양한 해결안을 개발하고 최선의 해결안을 선택하는 것이 필요하다.
- ㉤ 실행 및 평가 : 해결안 개발을 통해 만들어진 실행계획을 실제 상황에 적용하는 활동으로 실행계획 수립→실행→Follow-up의 절차로 진행된다.

예제 4

C사는 최근 국내 매출이 지속적으로 하락하고 있어 사내 분위기가 심상치 않다. 이에 대해 Y부장은 이 문제를 극복하고자 문제처리 팀을 구성하여 해결방안을 모색하도록 지시하였다. 문제처리 팀의 문제해결 절차를 올바른 순서로 나열한 것은?

① 문제 인식→원인 분석→해결안 개발→문제 도출→실행 및 평가
② 문제 도출→문제 인식→해결안 개발→원인 분석→실행 및 평가
③ 문제 인식→원인 분석→문제 도출→해결안 개발→실행 및 평가
④ 문제 인식→문제 도출→원인 분석→해결안 개발→실행 및 평가

출제의도

실제 업무 상황에서 문제가 일어났을 때 해결 절차를 알고 있는지를 측정하는 문항이다.

해 설

일반적인 문제해결절차는 '문제 인식→문제 도출→원인 분석→해결안 개발→실행 및 평가'로 이루어진다.

답 ④

문제해결능력

1 A~E 5명은 영어시험으로 말하기, 듣기, 쓰기, 읽기 네 가지 다른 영역의 시험을 각각 1시간씩 네 시간에 걸쳐 봐야 한다. 또한 1번부터 5번까지 순서대로 번호가 붙은 시험장을 한 곳씩 사용하며 각자 자신의 시험장에서 1시간마다 다른 영역의 시험을 봐야 한다. 아래 〈조건〉의 내용을 참고할 때 〈보기〉의 설명 중 옳지 않은 것을 모두 고르면?

〈조건〉
1) 같은 시간대에서는 인접한 두 시험장에서 동일한 영역을 시험볼 수 없다.
2) A는 3번 시험장을 사용하고, 두 번째 시험으로 읽기 시험을 본다.
3) B는 마지막 시간대에 쓰기 시험을 보고, 세 번째 시험에 A와 같은 영역의 시험을 본다.
4) E는 5번 시험장을 사용하고, 처음 시작할 때 듣기 시험을 봤으며, 마지막 시험은 읽기 시험이다.
5) B와 D는 마지막 시간대에 같은 영역의 시험을 본다.
6) 2번과 4번 시험장에 있는 수험생들은 처음에 반드시 읽기를 제외한 같은 영역의 시험을 본다.

㉠ E는 두 번째 시간대에 말하기나 쓰기 시험을 봐야 한다.
㉡ A가 세 번째 시간대에 말하기 시험을 본다면, B는 처음에 반드시 읽기 시험을 봐야 한다.
㉢ B가 처음에 읽기 시험, 두 번째 시간대에 말하기 시험을 본다면 A는 처음에 말하기 시험을 봐야 한다.
㉣ C의 마지막 시험이 듣기 시험일 때 A의 마지막 시험은 말하기 시험이다.

① ㉠㉡   ② ㉠㉢
③ ㉠㉣   ④ ㉡㉢
⑤ ㉢㉣

✔ 해설 다음의 내용을 표로 정리하면 다음과 같다.

	1번	2번	3번	4번	5번	첫 번째	두 번째	세 번째	마지막
A			○				읽기	A,B (동일시험)	
B	○							A,B (동일시험)	쓰기
C		○				말하기			
D				○		말하기			쓰기
E					○	듣기			읽기
첫 번째		말하기		말하기	듣기				
두 번째			읽기						
세 번째	A,B (동일시험)		A,B (동일시험)						
마지막	쓰기			쓰기	읽기				

- 시험장의 경우 A와 E는 각각 3번과 5번 시험장에서 시험을 본다. 또한 3)에서 B는 세 번째 시간대에 A와 같은 시험을 본다고 했으며 1)의 조건에 의해 A와 B는 서로 나란히 붙어있는 시험장에서 시험을 보면 안 된다. 따라서 B의 시험장은 2번, 4번이 아니고 1번 시험장이 된다. 5)에서 B와 D는 인접한 시험장을 사용하지 못 하며 B가 1번 시험장이므로 D는 4번 시험장이 되고 C는 2번 시험장이 된다.
- 각각의 시간대별 시험의 경우 주어진 조건을 위의 표와 같이 채울 수 있으며 3)에서 B가 마지막 시간대에 쓰기 시험을 본다고 했으므로 5)에서 D도 마지막 시간대에 쓰기 시험을 본다. 6)에서 2번과 4번 시험장은 서로 떨어져 있는 시험장이므로 같은 시험을 볼 수 있으며 읽기를 제외한다고 했는데 5번 시험장에서 듣기 시험을 보고 있으므로 듣기 시험도 아니다. 그리고 D는 마지막 시간대에 쓰기를 보기 때문에 2번과 4번 시험장에서 시험을 보는 C와 D는 첫 번째로 말하기 시험을 봐야 한다.
- ㉠ : E는 첫 번째에 듣기, 마지막에 읽기 시험을 본다. 따라서 두 번째 시간대에 말하기나 쓰기 시험을 봐야한다. (○)

  ㉡ : A, B 동일시험에 해당하는 칸이 말하기 시험이라고 하는 것이므로 B는 세 번째 시간대에 말하기, 네 번째 시간대에 쓰기 시험을 봐야 한다. 첫 번째 시간대에는 듣기나 읽기 시험을 볼 수 있다. 그 시간대에 2번 시험장에서는 말하기 시험을 보고 있다. (×)

  ㉢ : B가 읽기, 말하기 시험을 보게 되면 세 번째 시간대에 듣기 시험을 보고 A도 세 번째 시간대에는 듣기 시험을 본다. A는 첫 번째 시간대에 쓰기와 말하기 시험을 볼 수 있지만 인접한 2번과 4번 시험장에서 말하기 시험을 보고 있기 때문에 쓰기 시험을 봐야 한다. (×)

  ㉣ : C의 2번 시험장에서 듣기 시험을 보고 4번 시험장에서는 D에 의해 쓰기 시험이 진행되므로 이미 두 번째 시간대에 읽기 시험을 본 A의 입장에서는 마지막 시험으로 말하기 시험을 봐야 한다. (○)

Answer 1.④

K사는 직원들의 업무역량 강화를 위해 NCS 기반 교육을 실시하기로 하였다. 교육 분야를 결정하기 위한 내부 회의를 통해 다음과 같은 4개의 영역이 상정되었고, 이에 대하여 3명의 경영진이 각각 자신의 선호도를 결정하였다.

선호도 \ 경영진	영업본부장	관리본부장	기술본부장
1순위	의사소통영역	조직이해영역	의사소통영역
2순위	자원관리영역	의사소통영역	자원관리영역
3순위	문제해결영역	문제해결영역	조직이해영역
4순위	조직이해영역	자원관리영역	문제해결영역

※ 4개의 영역 중 사내 전 직원의 투표에 의해 2개의 영역이 선정되며, 선정된 안건에 대한 경영진의 선호도 다수결에 따라 한 개의 최종 교육 영역이 채택된다.

2 다음 중 직원들의 투표 결과에 의한 2개 영역 중 하나로 조직이해영역이 선정되었을 경우에 일어날 수 있는 일로 올바른 것은 어느 것인가?

① 나머지 하나로 어떤 안건이 선정되어도 조직이해영역은 최종 채택되지 않는다.
② 나머지 하나로 자원관리영역이 선정되면 조직이해영역이 선정된다.
③ 나머지 하나로 의사소통영역이 선정되면 선정된 안건의 심사위원 선호 결과가 같아지게 된다.
④ 나머지 안건과 관계없이 조직이해영역은 반드시 최종 채택된다.
⑤ 조직이해영역이 최종 채택이 되는 경우는 한 가지 밖에 없다.

✔ 해설　조직이해영역이 선정된 경우, 나머지 하나의 선정된 영역이 의사소통영역이라면 의사소통영역이 채택된다.
　　　나머지 하나의 영역이 문제해결영역이라면 조직이해영역이 최종 채택된다.
　　　나머지 하나의 영역이 자원관리영역이라면 자원관리영역이 최종 채택된다.
　　　따라서 조직이해영역이 최종 채택되기 위한 경우의 수는 나머지 하나의 영역이 문제해결영역인 경우밖에 없다.

3 만일 1~4순위별로 각각 4점, 3점, 2점, 1점의 가중치를 부여한다면, 자원관리영역이 투표 결과에 의한 2개 영역 중 하나로 선정되었을 경우에 대한 설명으로 올바른 것은 어느 것인가? (동일 점수가 나오면 해당 영역만으로 재투표를 실시하여 순위를 가린다)

① 의사소통영역이 나머지 하나의 영역일 경우, 재투표를 실시할 수 있다.

② 어떤 다른 영역과 함께 선정되어도 자원관리영역은 채택될 수 없다.

③ 조직이해영역이 나머지 하나의 영역일 경우, 재투표를 실시할 수 있다.

④ 문제해결영역이 나머지 하나의 영역일 경우, 문제해결영역이 채택된다.

⑤ 자원관리영역이 채택될 수 있는 경우는 한 가지 밖에 없다.

✔ **해설**　조직이해영역이 나머지 하나의 영역일 경우, 자원관리영역은 3+1+3=7점, 조직이해영역은 1+4+2=7점이 되어 재투표를 실시하게 된다.

⑤ 문제해결영역과 함께 선정될 경우에는 자원관리영역이 반드시 채택되며, 자원관리영역과 함께 선정되어도 재투표를 통하여 최종 채택될 수 있으므로 경우의 수는 두 가지가 된다.

4 생일파티를 하던 미경, 진희, 소라가 케이크를 먹었는지에 대한 여부를 다음과 같이 이야기하였는데 이 세 명은 진실과 거짓을 한 가지씩 이야기 하였다. 다음 중 옳은 것은?

> 미경 : 나는 케이크를 먹었고, 진희는 케이크를 먹지 않았다.
> 진희 : 나는 케이크를 먹지 않았고, 소라도 케이크를 먹지 않았다.
> 소라 : 나는 케이크를 먹지 않았고, 진희도 케이크를 먹지 않았다.

① 미경이가 케이크를 먹었다면 소라도 케이크를 먹었다.
② 진희가 케이크를 먹었다면 미경이는 케이크를 먹지 않았다.
③ 미경이가 케이크를 먹지 않았다면 소라는 케이크를 먹었다.
④ 소라가 케이크를 먹었다면 미경이도 케이크를 먹었다.
⑤ 소라가 케이크를 먹지 않았다면 진희도 케이크를 먹지 않았다.

해설 주어진 조건으로 두 가지 경우가 존재한다. 미경이의 앞의 말이 진실이고 뒤의 말이 거짓인 경우와 그 반대의 경우를 표로 나타내면 다음과 같다.

	나	타인	케이크
미경	참	거짓	먹음
진희	거짓	참	먹음
소라	참	거짓	안 먹음

	나	타인	케이크
미경	거짓	참	안 먹음
진희	참	거짓	안 먹음
소라	거짓	참	먹음

5 다음 글의 내용이 참일 때, 반드시 참인 것만을 〈보기〉에서 모두 고르면?

A 부서에서는 새로운 프로젝트를 위해 팀을 꾸리고자 한다. 이 부서에는 남자 직원 세현, 승훈, 영수, 준원 4명과 여자 직원 보라, 소희, 진아 3명이 소속되어 있다. 아래의 조건에 따라 이들 가운데 4명을 뽑아 프로젝트 팀에 포함시키려 한다.
– 남자 직원 가운데 적어도 한 사람은 뽑아야 한다.
– 여자 직원 가운데 적어도 한 사람은 뽑지 말아야 한다.
– 세현, 승훈 중 적어도 한 사람을 뽑으면, 준원과 진아도 뽑아야 한다.
– 영수를 뽑으면, 보라와 소희는 뽑지 말아야 한다.
– 진아를 뽑으면, 보라도 뽑아야 한다.

〈보기〉

㉠ 남녀 동수로 팀이 구성된다.
㉡ 영수와 소희 둘 다 팀에 포함되지 않는다.
㉢ 준원과 보라 둘 다 팀에 포함된다.

① ㉠

② ㉢

③ ㉠, ㉡

④ ㉡, ㉢

⑤ ㉠, ㉡, ㉢

✔ **해설** 팀에 들어갈 수 있는 남자 직원 수는 1~4명(첫 번째 조건), 여자 직원 수는 0~2명(두 번째 조건)이 되는데, 4명으로 구성되어야 하는 팀이므로 가능한 조합은 '남자 2명-여자 2명', '남자 3명-여자 1명', '남자 4명-여자 0명이다. 세 번째 조건과 다섯 번째 조건에 의해 '세현 or 승훈→준원 & 진아→보라'가 되어, '세현'이나 '승훈'이 팀에 들어가게 되면, '준원-진아-보라'도 함께 들어간다. 따라서, 남자 직원 수를 3명 이상 선발하면 세현 혹은 승훈이 포함되게 되어 여자 직원 수가 1명 혹은 0명이 될 수 없으므로 가능한 조합은 '남자 2명-여자 2명'이고, 모든 조건에 적합한 조합은 '세현-준원-진아-보라' 혹은 '승훈-준원-진아-보라'이다.

6 △△부서에서 다음 년도 예산을 편성하기 위해 전년도 시행되었던 정책들을 평가하여 다음과 같은 결과를 얻었다. △△부서의 예산 편성에 대한 설명으로 옳지 않은 것은?

〈정책 평가 결과〉

정책	계획의 충실성	계획 대비 실적	성과지표 달성도
A	96	95	76
B	93	83	81
C	94	96	82
D	98	82	75
E	95	92	79
F	95	90	85

- 정책 평가 영역과 각 영역별 기준 점수는 다음과 같다
- 계획의 충실성 : 기준 점수 90점
- 계획 대비 실적 : 기준 점수 85점
- 성과지표 달성도 : 기준 점수 80점
- 평가 점수가 해당 영역의 기준 점수 이상인 경우 '통과'로 판단하고 기준 점수 미만인 경우 '미통과'로 판단한다.
- 모든 영역이 통과로 판단된 정책에는 전년과 동일한 금액을 편성하며, 2개 영역이 통과로 판단된 정책에는 10% 감액, 1개 영역이 통과로 판단된 정책에는 15% 감액하여 편성한다. 다만 '계획 대비 실적' 영역이 미통과인 경우 위 기준과 상관없이 15% 감액하여 편성한다.
- 전년도 甲부서의 A~F 정책 예산은 각각 20억 원으로 총 120억 원이었다.

① 전년도와 비교하여 예산의 삭감 없이 예산이 편성될 정책은 2개 이상이다.

② '성과지표 달성도' 평가에서 '통과'를 받았음에도 예산을 감액해야하는 정책이 있다.

③ 전년 대비 10% 감액하게 될 정책은 총 3개이다.

④ 전년 대비 15% 감액하여 편성될 정책은 모두 '계획 대비 실적'에서 '미통과' 되었을 것이다.

⑤ 甲부서의 올해 예산은 총 110억 원이 될 것이다.

✔ 해설 ③ 전년 대비 10% 감액하게 될 정책은 '성과지표 달성도'에서만 '통과'를 받지 못한 A와 E정책이다.
① 전년도와 비교하여 동일한 금액이 편성될 정책은 C, F이다.
② B정책은 '성과지표 달성도' 평가에서 '통과'를 받았음에도 예산을 감액해야하는 정책이다.
④ 전년 대비 15% 감액하여 편성하게 될 정책은 B, D정책으로 두 정책 모두 '계획 대비 실적'에서 '미통과' 되었다.
⑤ 전년 대비 10% 감액하여 편성하게 될 정책은 2개(A, E정책), 전년 대비 15% 감액하여 편성하게 될 정책은 2개(B, D정책)으로 총 10억이 감액되어 올해 예산은 총 110억 원이 될 것이다.

7 어떤 사람이 가격이 1,000만 원인 자동차를 구매하기 위해 은행에서 상품 A, B, C에 대해 상담을 받았다. 다음 상담 내용을 참고하여 옳은 것을 고르시오.(단, 총비용으로 은행에 내야하는 금액과 수리비만을 고려하고, 등록비용 등 기타 비용은 고려하지 않는다.)

- A상품

  고객님이 자동차를 구입하여 소유권을 취득하실 때, 은행이 자동차 판매자에게 즉시 구입금액 1,000만 원을 지불해드립니다. 그리고 그 날부터 매월 1,000만 원의 1%를 이자로 내시고, 1년이 되는 시점에 1,000만 원을 상환하시면 됩니다.

- B상품

  고객님이 원하시는 자동차를 구매하여 고객님께 전달해 드리고, 고객님께서는 1년 후에 자동차 가격에 이자를 추가하여 총 1,200만 원을 상환하시면 됩니다. 자동차의 소유권은 고객님께서 1,200만 원을 상환하시는 시점에 고객님께 이전되며, 그 때까지 발생하는 모든 수리비는 저희가 부담합니다.

- C상품

  고객님이 원하시는 자동차를 구매하여 고객님께 임대해 드립니다. 1년 동안 매월 90만 원의 임대료를 내시면 1년 후에 그 자동차는 고객님의 소유가 되며, 임대기간 중 발생하는 모든 수리비는 저희가 부담합니다.

- ㉠ 사고 여부와 관계없이 자동차 소유권 취득 시까지의 총비용 측면에서 B상품보다 C상품을 선택하는 것이 유리하다.
- ㉡ 최대한 빨리 자동차 소유권을 얻고 싶다면 A상품을 선택하는 것이 다른 두 선택지보다 유리하다.
- ㉢ 자동차 소유권을 얻기까지 은행에 내야 하는 총금액은 A상품이 가장 적다.
- ㉣ 1년 내에 사고가 발생해 50만 원의 수리비가 소요될 것으로 예상한다면 총비용 측면에서 A상품보다 B, C 상품을 선택하는 것이 유리하다.

---

① ㉠㉡   ② ㉡㉢

③ ㉠㉡㉢   ④ ㉡㉢㉣

⑤ ㉠㉡㉢㉣

> ✔ **해설** 은행에 내야하는 금액
> A → (1,000×0.01×12)+1,000=1,120만 원　　　B → 1,200만 원
> C → 90×12=1,080만 원
> ㉣ 수리비 50만 원이 소요된다면 A는 1,120+50=1,170만 원, B와 C는 수리비를 은행에서 부담하므로 그대로 1,200만 원, 1,080만 원이 된다. 따라서 가장 저렴한 C상품이 A·B보다 유리하다.(C<A<B)
> ㉢ A상품은 소유권을 얻은 후에 은행에 해당 금액을 지불하기 때문에 자동차 소유권을 얻기까지의 총금액은 0원으로 가장 적다.

Answer   6.③   7.③

8 홍보팀에서는 신입직원 6명(A, B, C, D, E, F)을 선배직원 3명(갑, 을, 병)이 각각 2명씩 맡아 문서작성 및 결재 요령에 대하여 1주일 간 교육을 실시하고 있다. 다음 조건을 만족할 때, 신입직원과 교육을 담당한 선배직원의 연결에 대한 설명이 올바른 것은?

> • B와 F는 같은 조이다.
> • 갑은 A에게 문서작성 요령을 가르쳐 주었다.
> • 을은 C와 F에게 문서작성 및 결재 요령에 대하여 가르쳐 주지 않았다.

① 병은 A를 교육한다.
② D는 을에게 교육을 받지 않는다.
③ C는 갑에게 교육을 받는다.
④ 을은 C를 교육한다.
⑤ 갑과 병 중에 E를 교육하는 사람이 있다.

✔ **해설** 주어진 조건에서 확정 조건은 다음과 같다.

B, F	A, ( )	C, D, E 중 2명
( )	갑	( )

그런데 세 번째 조건에서 을은 C와 F에게 교육을 하지 않았다고 하였으므로 F가 있는 조와 이미 갑이 교육을 하는 조를 맡지 않은 것이 된다. 따라서 맨 오른쪽은 을이 되어야 하고 B, F로 이뤄진 조는 병이 교육할 수밖에 없다.
또한 이 경우, 을이 C를 교육하지 않았다고 하였으므로 을의 조는 D와 E가 남게 되며, C는 A와 한 조가 되어 결국 다음과 같이 정리될 수 있다.

B, F	A, C	D, E
병	갑	을

따라서 'C는 갑에게 교육을 받는다.'가 정답이 된다.

9 A, B, C는 같은 지점에서 출발하여 임의의 순서로 나란히 이웃한 놀이동산, 영화관, 카페에 자가용, 지하철, 버스 중 한 가지를 이용하여 갔다. 다음 조건을 만족할 때, 다음 중 옳은 것은?

> • 가운데에 위치한 곳에 간 사람은 버스를 통해 이동했다.
> • B와 C는 서로 이웃해 있지 않은 곳으로 갔다.
> • C는 가장 먼 곳으로 갔다.
> • 카페에 영화관은 서로 이웃해있다.
> • B는 영화관에 갔다.
> • 놀이동산에 갈 수 있는 유일한 방법은 지하철이다.

① 놀이동산 – 영화관 – 카페 순서대로 이웃해있다.
② C는 지하철을 타고 놀이동산에 가지 않았다.
③ 영화관에 가기 위해 자가용을 이용해야 한다.
④ A는 버스를 이용하고, B는 지하철을 이용한다.
⑤ 가장 가까운 곳에 간 사람은 B도 아니며, C도 아니다.

> ✔ **해설** 주어진 조건을 통해 위치가 가까운 순으로 나열하면 영화관→카페→놀이동산이며 A, B, C가 자가용, 지하철, 버스를 이용하여 간 곳은 영화관(B, 자가용)−카페(A, 버스)−놀이동산(C, 지하철)이 된다.

❏ 우체국택배(방문접수)

고객이 원하는 장소로 우체국직원이 방문하여 접수하는 서비스

구분/중량 (크기)	2kg까지 (60cm까지)	5kg까지 (80cm까지)	10kg까지 (120cm까지)	20kg까지 (140cm까지)	30kg까지 (160cm까지)
익일배달	5,000원	6,000원	7,500원	9,500원	12,000원
제주(익일배달)	6,500원	8,500원	10,000원	12,000원	14,500원
제주(D+2일)	5,000원	6,000원	7,500원	9,500원	12,000원

❏ 소포우편(창구접수)

고객이 우체국으로 방문하여 창구에서 접수하는 서비스

구분/중량(크기)		1kg까지 (50cm까지)	3kg까지 (80cm까지)	5kg까지 (100cm까지)	7kg까지 (100cm까지)
등기소포(익일배달)	익일배달	3,500원	4,000원	4,500원	5,000원
	제주(익일배달)	5,000원	6,500원	7,000원	7,500원
	제주(D+2일)	3,500원	4,000원	4,500원	5,000원
일반소포(D+3일)	D+3일배달	2,200원	2,700원	3,200원	3,700원
구분/중량(크기)		10kg까지 (100cm까지)	15kg까지 (120cm까지)	20kg까지 (120cm까지)	30kg까지 (160cm까지)
등기소포(익일배달)	익일배달	6,000원	7,000원	8,000원	11,000원
	제주(익일배달)	8,500원	8,500원	10,500원	13,500원
	제주(D+2일)	6,000원	7,000원	8,000원	11,000원
일반소포(D+3일)	D+3일배달	4,700원	5,700원	6,700원	9,700원

❏ 이용 시 유의사항

• 중량은 최대 30kg 이하이며, 크기(가로, 세로, 높이의 합)는 최대 160㎝ 이하입니다. 다만, 한 변의 최대 길이는 100㎝ 이내에 한하여 취급합니다.

• 당일특급 우편물의 경우 중량은 20kg 이하이며, 크기는 140cm 이내에 한하여 취급합니다.

• 일반소포는 등기소포와 달리 기록취급이 되지 않으므로 분실 시 손해배상이 되지 않습니다.

• 중량/크기 중 큰 값을 기준으로 다음 단계의 요금을 적용합니다.

• 도서지역 등 특정지역의 배달 소요기간은 위 내용과 다를 수 있습니다.

• 제주지역(익일배달)은 항공기 운송 여건에 따라 지역마다 마감시간이 상이합니다.

10 다음 중 당일특급 우편물 이용이 가능한 가장 큰 물건은? (단, 중량은 10kg으로 모두 동일하다)

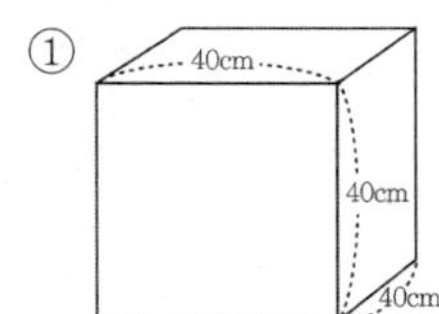

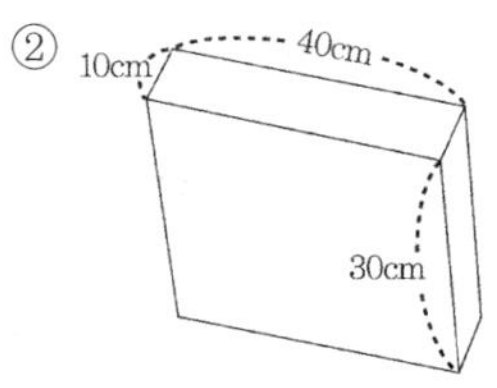

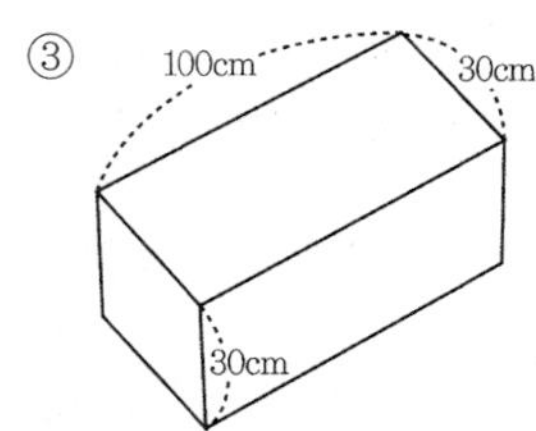

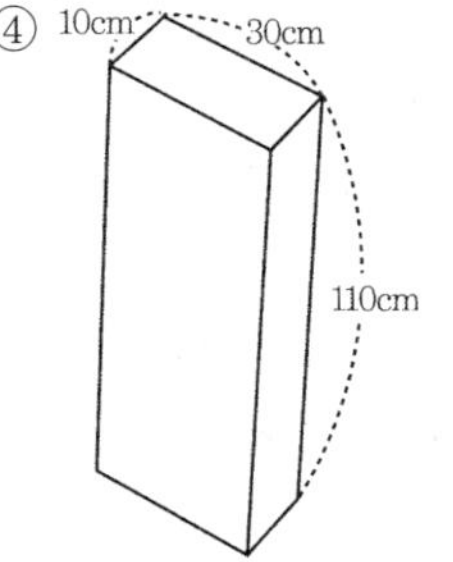

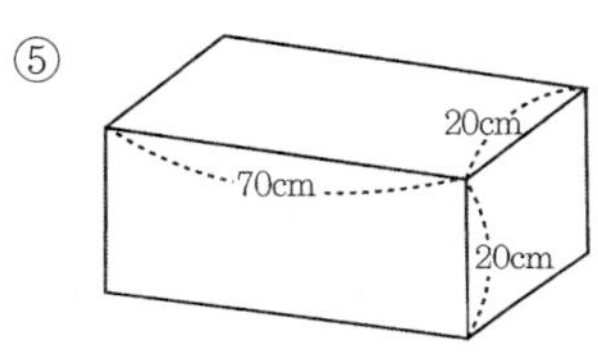

✔ 해설 이용 시 유의사항에 따르면 크기는 가로, 세로, 높이의 합이며, 한 변의 최대 길이는 100㎝이내에 한하여 취급한다. 또한 당일특급 우편물의 경우 크기 140cm 이내에 한하여 취급하므로, 당일특급 우편물 이용이 가능한 가장 큰 물건은 ①이다.

11 다음은 광화문 우체국에서 접수한 서비스 내역의 일부이다. 다음 중 이용요금을 가장 많이 지불한 사람은?

① 우체국택배를 이용하여 크기 80cm, 무게 5kg인 물건을 제주(익일배달)로 보낸 甲

② 등기소포를 이용하여 크기 110cm, 무게 7kg인 물건을 부산으로 보낸 乙

③ 우체국택배를 이용하여 크기 60cm, 무게 10kg인 물건을 대구로 보낸 丙

④ 일반소포를 이용하여 크기 50cm, 무게 7kg인 물건을 대전으로 보낸 丁

⑤ 등기소포를 이용하여 크기 120cm, 무게 20kg인 물건을 제주(D+2일)로 보낸 戊

✔ 해설 이용 시 유의사항에 따르면 중량/크기 중 큰 값을 기준으로 다음 단계의 요금을 적용한다. 이에 따라 각각의 이용요금을 계산하면 甲 8,500원, 乙 7,000원, 丙 7,500원, 丁 3,700원, 戊 8,000원이다.

Answer 10.① 11.①

12 다음 상황과 조건을 근거로 판단할 때 옳은 것은?

> **〈상황〉**
>
> 보건소에서는 4월 1일(월)부터 한 달 동안 재학생을 대상으로 금연교육, 금주교육, 성교육을 각각 4, 3, 2회 실시하려는 계획을 가지고 있다.
>
> **〈조건〉**
> - 금연교육은 정해진 같은 요일에만 주 1회 실시하고, 화·수·목요일 중 해야 한다.
> - 금주교육은 월·금요일을 제외한 다른 요일에 시행하며, 주 2회 이상 실시하지 않는다.
> - 성교육은 10일 이전, 같은 주에 이틀 연속으로 실시한다.
> - 22~26일은 중간고사 기간이며, 이 기간에는 어떠한 교육도 실시할 수 없다.
> - 교육은 하루에 하나만 실시할 수 있으며, 주말에는 교육을 실시할 수 없다.
> - 모든 교육은 반드시 4월내에 완료해야 한다.

① 4월의 마지막 날에도 교육이 있다.

② 금연교육이 가능한 요일은 화·수요일이다.

③ 금주교육은 마지막 주에도 실시된다.

④ 성교육이 가능한 일정 조합은 두 가지 이상이다.

⑤ 가장 많은 교육이 실시되는 주는 4월 두 번째 주이다.

 **해설**

월	화	수	목	금	토	일
1	2(금연)	3	4(성교육)	5(성교육)	6(X)	7(X)
8	9(금연)	10	11	12	13(X)	14(X)
15	16(금연)	17	18	19	20(X)	21(X)
22(X)	23(X)	24(X)	25(X)	26(X)	27(X)	28(X)
29	30(금연)					

- 화·수·목 중 금연교육을 4회 실시하기 위해 반드시 화요일에 해야 한다.
- 10일 이전, 같은 주에 이틀 연속으로 성교육을 실시할 수 있는 날짜는 4~5일 뿐이다.
- 금주교육은 (3,10,17), (3,10,18), (3,11,17), (3,11,18) 중 실시할 수 있다.

13 쓰레기를 무단 투기하는 사람을 찾기 위해 고심하던 아파트 관리인 세상씨는 다섯 명의 입주자 A, B, C, D, E를 면담했다. 이들은 각자 다음과 같이 이야기를 했다. 이 가운데 두 사람의 이야기는 모두 거짓인 반면, 세 명의 이야기는 모두 참이라고 한다. 다섯 명 가운데 한 명이 범인이라고 할 때 쓰레기를 무단 투기한 사람은 누구인가?

> A : 쓰레기를 무단 투기하는 것을 나와 E만 보았다. B의 말은 모두 참이다.
> B : 쓰레기를 무단 투기한 것은 D이다. D가 쓰레기를 무단 투기하는 것을 E가 보았다.
> C : D는 쓰레기를 무단 투기하지 않았다. E의 말은 참이다.
> D : 쓰레기를 무단 투기하는 것을 세 명의 주민이 보았다. B는 쓰레기를 무단 투기하지 않았다.
> E : 나와 A는 쓰레기를 무단 투기하지 않았다. 나는 쓰레기를 무단 투기하는 사람을 아무도 보지 못했다.

① A   ② B
③ C   ④ D
⑤ E

✔ 해설 ㉠ A가 참인 경우
　E는 무단 투기하는 사람을 못 봤다고 했으므로 E의 말은 거짓이 된다.
　A는 B가 참이라고 했으므로 B에 의해 D가 범인이 된다.
　그러나 C는 D가 무단 투기 하지 않았다고 했으므로 C도 거짓이 된다.
　거짓말을 한 주민이 C, E 두 명이 되었으므로 D의 말은 참이 된다.
　그러나 D는 쓰레기를 무단 투기하는 사람을 세 명이 주민이 보았다고 했는데 A는 본인과 E만 보았다고 했으므로 D는 범인이 될 수 없다.
㉡ A가 거짓인 경우
　A의 말이 거짓이면 B의 말도 모두 거짓이 된다.
　거짓말을 한 사람이 A, B이므로 C, D, E는 참말을 한 것이 된다.
　C에 의하면 D는 범인이 아니다.
　D에 의하면 B는 범인이 아니다.
　E에 의하면 A는 범인이 아니다.
　그러면 C가 범인이다.

14 다음은 우리나라의 연도별·유형별 정치 참여도를 나타낸 자료이다. 〈보기〉에 주어진 조건을 참고할 때, ㉠~㉣에 들어갈 알맞은 정치 참여방법을 순서대로 올바르게 나열한 것은 어느 것인가?

	㉠	온라인상의견 피력하기	정부나 언론에 의견제시	㉡	탄원서· 진정서· 청원서 제출하기	㉢	공무원· 정치인에 민원전달	㉣
2022	53.9	15.0	9.5	21.2	8.8	9.2	10.3	12.8
2023	58.8	14.7	8.8	17.5	7.9	7.6	9.1	9.2
2024	69.3	13.3	6.7	14.9	5.6	6.9	6.1	10.3
2025	74.1	12.2	6.4	14.5	5.8	14.4	5.6	8.5

〈보기〉

1. 주변인과 대화를 하거나 시위 등에 참여하는 방법은 2022년보다 2025년에 그 비중이 더 증가하였다.
2. 2025년에 서명운동에 참여하거나 주변인과 대화를 하는 방법으로 정치에 참여하는 사람의 비중은 모두 온라인상 의견을 피력하는 방법으로 정치에 참여하는 사람의 비중보다 더 많다.
3. 2022~2024년 기간 동안은 시위에 참여하거나 불매운동을 하는 방법으로 정치에 참여한 사람의 비중이 온라인상 의견을 피력하는 방법으로 정치에 참여한 사람의 비중보다 항상 적었다.

① 서명운동 참여하기 – 주변인과 대화하기 – 시위·집회 참여하기 – 불매운동 참여하기
② 주변인과 대화하기 – 서명운동 참여하기 – 시위·집회 참여하기 – 불매운동 참여하기
③ 주변인과 대화하기 – 서명운동 참여하기 – 불매운동 참여하기 – 시위·집회 참여하기
④ 주변인과 대화하기 – 시위·집회 참여하기 – 서명운동 참여하기 – 불매운동 참여하기
⑤ 불매운동 참여하기 – 주변인과 대화하기 – 서명운동 참여하기 – 시위·집회 참여하기

✔ 해설 보기1에 의하면 ㉠과 ㉢이 주변인과 대화하기 또는 시위·집회 참여하기 중 하나임을 알 수 있다. 또한 보기2에 의하면 ㉠, ㉡, ㉢ 중 서명운동 참여하기와 주변인과 대화하기가 해당됨을 알 수 있다. 따라서 ㉡이 서명운동 참여하기임을 확인할 수 있다.
보기3에서는 ㉢과 ㉣이 시위·집회 참여하기 또는 불매운동 참여하기 중 하나임을 의미하고 있으므로 보기1과 함께 판단했을 때, ㉢이 시위·집회 참여하기, ㉣이 불매운동 참여하기가 되며 이에 따라 ㉠은 주변인과 대화하기가 된다.

15 다음은 SWOT에 대한 설명이다. 다음 중 시장의 위협을 회피하기 위해 강점을 사용하는 전략의 예로 적절한 것은?

〈SWOT 분석〉

SWOT분석이란 기업의 환경 분석을 통해 마케팅 전략을 수립하는 기법이다. 조직 내부 환경으로는 조직이 우위를 점할 수 있는 강점(Strength), 조직의 효과적인 성과를 방해하는 자원·기술·능력면에서의 약점(Weakness), 조직 외부 환경으로는 조직 활동에 이점을 주는 기회(Opportunity), 조직 활동에 불이익을 미치는 위협(Threat)으로 구분된다.

		내부환경요인	
		강점 (Strength)	약점 (Weakness)
외부환경요인	기회 (Opportunity)	SO	WO
	위협 (Threat)	ST	WT

① 세계적인 유통라인을 내세워 개발도상국으로 사업을 확장한다.
② 저가 정책으로 마진이 적지만 인구 밀도에 비해 대형마트가 부족한 도시에 진출한다.
③ 부품의 10년 보증 정책을 통해 대기업의 시장 독점을 이겨낸다.
④ 고가의 연구비를 타사와 제휴를 통해 부족한 정부 지원을 극복한다.
⑤ 친환경적 장점을 내세워 관련 법령에 해당하는 정부 지원을 받는다.

✔ 해설 시장의 위협을 회피하기 위해 강점을 사용하는 전략은 ST전략에 해당한다.
③ 부품의 10년 보증 정책은 강점, 통해 대기업의 시장 독점은 위협에 해당한다.(ST전략)
① 세계적인 유통라인은 강점, 개발도상국은 기회에 해당한다.(SO전략)
② 마진이 적은 것은 약점, 인구 밀도에 비해 대형마트가 부족한 도시는 기회에 해당한다.(WO전략)
④ 고가의 연구비는 약점, 부족한 정부 지원은 위협에 해당한다.(WT전략)
⑤ 친환경적 장점은 강점, 정부 지원을 받는 것은 기회에 해당한다.(SO전략)

Answer 14.② 15.③

16 다음은 무농약농산물과 저농약농산물 인증기준에 대한 자료이다. 자신이 신청한 인증을 받을 수 있는 사람을 모두 고르면?

> 무농약농산물과 저농약농산물의 재배방법은 각각 다음과 같다.
> 1) 무농약농산물의 경우 농약을 사용하지 않고, 화학비료는 권장량의 2분의 1 이하로 사용하여 재배한다.
> 2) 저농약농산물의 경우 화학비료는 권장량의 2분의 1 이하로 사용하고, 농약은 살포시기를 지켜 살포 최대횟수의 2분의 1 이하로 사용하여 재배한다.
>
> 〈농산물별 관련 기준〉
>
> | 종류 | 재배기간 내 화학비료 권장량(kg/ha) | 재배기간 내 농약살포 최대횟수 | 농약 살포시기 |
> |---|---|---|---|
> | 사과 | 100 | 4 | 수확 30일 전까지 |
> | 감 | 120 | 4 | 수확 14일 전까지 |
> | 복숭아 | 50 | 5 | 수확 14일 전까지 |

> 甲 : 5㎢의 면적에서 재배기간 동안 농약을 전혀 사용하지 않고 20t의 화학비료를 사용하여 사과를 재배하였으며, 이 사과를 수확하여 무농약농산물 인증신청을 하였다.
> 乙 : 3ha의 면적에서 재배기간 동안 농약을 1회 살포하고 50kg의 화학비료를 사용하여 복숭아를 재배하였다. 하지만 수확시기가 다가오면서 병충해 피해가 나타나자 농약을 추가로 1회 살포하였고, 열흘 뒤 수확하여 저농약농산물 인증신청을 하였다.
> 丙 : 가로와 세로가 각각 100m, 500m인 과수원에서 감을 재배하였다. 재배기간 동안 총 2회(올해 4월 말과 8월 초) 화학비료 100kg씩을 뿌리면서 병충해 방지를 위해 농약도 함께 살포하였다. 추석을 맞아 9월 말에 감을 수확하여 저농약농산물 인증신청을 하였다.

※ 1ha＝10,000㎡, 1t＝1,000kg

① 甲, 乙   ② 甲, 丙
③ 乙, 丙   ④ 甲, 乙, 丙
⑤ 甲

 甲 : 5㎢는 500ha이므로 사과를 수확하여 무농약농산물 인증신청을 하려면 농약을 사용하지 않고, 화학비료는 50,000kg(＝50t)의 2분의 1 이하로 사용하여 재배해야 한다.
丙 : 복숭아의 농약 살포시기는 수확 14일 전까지이다. 저농약농산물 인증신청을 위한 살포시기를 지키지 못 하였으므로 인증을 받을 수 없다.
丙 : 5ha(100m×500m)에서 감을 수확하여 저농약농산물 인증신청을 하려면 화학비료는 600kg의 2분의 1 이하로 사용하고, 농약은 살포시기를 지켜(수확 14일 전까지) 살포 최대횟수인 4회의 2분의 1 이하로 사용하여 재배해야 한다.

17 다음 조건을 읽고 반드시 참이 되는 것을 고른 것은?

> • A, B, C, D, E, F, G, H 8명이 놀이동산의 롤러코스터를 타는데 롤러코스터는 총 8칸으로 되어 있다.
> • 각 1칸에 1명이 탈 수 있다.
> • D는 반드시 4번째 칸에 타야 한다.
> • B와 C는 같이 붙어 타야 한다.
> • D는 H보다 뒤에 E보다는 앞쪽에 타야 한다.

① F가 D보다 앞에 탄다면 B는 F와 D 사이에 타게 된다.
② G가 D보다 뒤에 탄다면 B와 C는 D보다 앞에 타게 된다.
③ H가 두 번째 칸에 탄다면 C는 D보다 뒤에 타게 된다.
④ B가 D의 바로 뒤 칸에 탄다면 E는 맨 마지막 칸에 타게 된다.
⑤ C가 두 번째 칸에 탄다면 H는 첫 번째 칸에 탄다.

> ✔해설 ③ H가 두 번째 칸에 탄다면 D 앞에는 B와 C가 나란히 탈 자리가 없으므로 B와 C는 D보다 뒤에 타게 된다.
> ① F가 D보다 앞에 탄다면 D 앞에 F와 H가 타게 되어 B와 C가 나란히 탈 자리가 없으므로 B와 C는 D보다 뒤에 타게 된다.
> ② G가 D보다 뒤에 탄다는 사실을 알더라도 B와 C가 어디에 타는지 알 수 없다.
> ④ B가 D의 바로 뒤 칸에 탄다면 E는 일곱 번째 칸 또는 마지막 칸에 타게 된다.
> ⑤ C가 두 번째 칸에 탄다면 H는 첫 번째 칸 또는 세 번째 칸에 타게 된다.

18 다음은 유진이가 학교에 가는 요일에 대한 설명이다. 이들 명제가 모두 참이라고 가정할 때, 유진이가 학교에 가는 요일은?

> ㉠ 목요일에 학교에 가지 않으면 월요일에 학교에 간다.
> ㉡ 금요일에 학교에 가지 않으면 수요일에 학교에 가지 않는다.
> ㉢ 수요일에 학교에 가지 않으면 화요일에 학교에 간다.
> ㉣ 월요일에 학교에 가면 금요일에 학교에 가지 않는다.
> ㉤ 유진이는 화요일에 학교에 가지 않는다.

① 월, 수　　　　　　　　　② 월, 수, 금
③ 수, 목, 금　　　　　　　④ 수, 금
⑤ 목, 금

> ✔해설 ㉤에서 유진이는 화요일에 학교에 가지 않으므로 ㉢의 대우에 의하여 수요일에는 학교에 간다.
> 수요일에 학교에 가므로 ㉡의 대우에 의해 금요일에는 학교에 간다.
> 금요일에는 학교에 가므로 ㉣의 대우에 의해 월요일에는 학교를 가지 않는다.
> 월요일에 학교에 가지 않으므로 ㉠의 대우에 의해 목요일에는 학교에 간다.
> 따라서 유진이가 학교에 가는 요일은 수, 목, 금이다.

Answer　16.② 17.③ 18.③

19 다음 제시된 조건을 보고, 만일 영호와 옥숙을 같은 날 보낼 수 없다면, 목요일에 보내야 하는 남녀사원은 누구인가?

> 영업부의 박 부장은 월요일부터 목요일까지 매일 남녀 각 한 명씩 두 사람을 회사 홍보 행사 담당자로 보내야 한다. 영업부에는 현재 남자 사원 4명(길호, 철호, 영호, 치호)과 여자 사원 4명(영숙, 옥숙, 지숙, 미숙)이 근무하고 있으며, 다음과 같은 제약 사항이 있다.
>
> ㉠ 매일 다른 사람을 보내야 한다.
> ㉡ 치호는 철호 이전에 보내야 한다.
> ㉢ 옥숙은 수요일에 보낼 수 없다.
> ㉣ 철호와 영숙은 같이 보낼 수 없다.
> ㉤ 영숙은 지숙과 미숙 이후에 보내야 한다.
> ㉥ 치호는 영호보다 앞서 보내야 한다.
> ㉦ 옥숙은 지숙 이후에 보내야 한다.
> ㉧ 길호는 철호를 보낸 바로 다음 날 보내야 한다.

① 길호와 영숙   ② 영호와 영숙
③ 치호와 옥숙   ④ 길호와 옥숙
⑤ 영호와 미숙

✔ 해설 남자사원의 경우 ㉡, ㉥, ㉧에 의해 다음과 같은 두 가지 경우가 가능하다.

	월요일	화요일	수요일	목요일
경우 1	치호	영호	철호	길호
경우 2	치호	철호	길호	영호

[경우 1]
옥숙은 수요일에 보낼 수 없고, 철호와 영숙은 같이 보낼 수 없으므로 옥숙과 영숙은 수요일에 보낼 수 없다. 또한 영숙은 지숙과 미숙 이후에 보내야 하고, 옥숙은 지숙 이후에 보내야 하므로 조건에 따르면 다음과 같다.

	월요일	화요일	수요일	목요일
남	치호	영호	철호	길호
여	지숙	옥숙	미숙	영숙

[경우 2]

		월요일	화요일	수요일	목요일
	남	치호	철호	길호	영호
경우 2-1	여	미숙	지숙	영숙	옥숙
경우 2-2	여	지숙	미숙	영숙	옥숙
경우 2-3	여	지숙	옥숙	미숙	영숙

문제에서 영호와 옥숙을 같이 보낼 수 없다고 했으므로, [경우 1], [경우 2-1], [경우 2-2]는 해당하지 않는다. 따라서 [경우 2-3]에 의해 목요일에 보내야 하는 남녀사원은 영호와 영숙이다.

20 A~E 5명 중 2명이 귤을 먹었다고 한다. 범인은 거짓을 말하고 나머지는 참을 말할 때, 5명의 진술은 다음과 같다고 한다. 이때, 항상 귤을 먹은 범인과 귤을 먹지 않은 사람의 조합으로 가능한 것은?

> A : 난 거짓을 말하고 있지 않아.
> B : 난 귤을 먹지 않았어.
> C : 귤을 먹은 사람은 E야.
> D : A는 지금 거짓을 말하고 있어.
> E : B는 귤을 먹은 사람이 아니야.

	귤을 먹은 범인	귤을 먹지 않은 사람
①	A	E
②	B	D
③	C	B
④	D	A
⑤	E	C

✔ **해설** A와 D의 진술이 엇갈리므로 두 사람 중 한 사람이 참일 경우를 생각하면 된다.
(1) A가 참일 경우

　D는 무조건 거짓이 된다. B가 참이라면, E의 말도 참이므로 C의 말은 거짓이 된다. 만약 B가 거짓이라면 E 또한 거짓이므로 범인이 2명이라는 조건과 맞지 않기 때문에 A가 참일 경우 참−A · B · E, 거짓(범인)−C · D가 된다.
(2) D가 참일 경우

　A는 무조건 거짓이 된다. A가 참일 경우와 마찬가지로 B와 E의 말은 참, C의 말은 거짓이기 때문에 참−D · B · E, 거짓(범인)−A · C가 된다.
따라서 어느 경우에도 참을 말하는 사람은 B · E이며 어느 경우에도 거짓(범인)을 말하는 사람은 C이다.

1   조직과 개인

(1) 조직

① 조직과 기업
  ㉠ 조직 : 두 사람 이상이 공동의 목표를 달성하기 위해 의식적으로 구성된 상호작용과 조정을 행하는 행동의 집합체
  ㉡ 기업 : 노동, 자본, 물자, 기술 등을 투입하여 제품이나 서비스를 산출하는 기관

② 조직의 유형

기준	구분	예
공식성	공식조직	조직의 규모, 기능, 규정이 조직화된 조직
	비공식조직	인간관계에 따라 형성된 자발적 조직
영리성	영리조직	사기업
	비영리조직	정부조직, 병원, 대학, 시민단체
조직규모	소규모 조직	가족 소유의 상점
	대규모 조직	대기업

(2) 경영

① 경영의 의미 : 경영은 조직의 목적을 달성하기 위한 전략, 관리, 운영활동이다.

② 경영의 구성요소
  ㉠ 경영목적 : 조직의 목적을 달성하기 위한 방법이나 과정
  ㉡ 인적자원 : 조직의 구성원 · 인적자원의 배치와 활용
  ㉢ 자금 : 경영활동에 요구되는 돈 · 경영의 방향과 범위 한정
  ㉣ 경영전략 : 변화하는 환경에 적응하기 위한 경영활동 체계화

③ 경영자의 역할

대인적 역할	정보적 역할	의사결정적 역할
• 조직의 대표자	• 외부환경 모니터	• 문제 조정
• 조직의 리더	• 변화전달	• 대외적 협상 주도
• 상징자, 지도자	• 정보전달자	• 분쟁조정자, 자원배분자, 협상가

(3) 조직체제 구성요소

① 조직목표 : 전체 조직의 성과, 자원, 시장, 인력개발, 혁신과 변화, 생산성에 대한 목표

② 조직구조 : 조직 내의 부문 사이에 형성된 관계

③ 조직문화 : 조직구성원들 간에 공유하는 생활양식이나 가치

④ 규칙 및 규정 : 조직의 목표나 전략에 따라 수립되어 조직구성원들이 활동범위를 제약하고 일관성을 부여하는 기능

예제 1

주어진 글의 빈칸에 들어갈 말로 가장 적절한 것은?

> 조직이 지속되게 되면 조직구성원들 간 생활양식이나 가치를 공유하게 되는데 이를 조직의 (㉠)라고 한다. 이는 조직구성원들의 사고와 행동에 영향을 미치며 일체감과 정체성을 부여하고 조직이 (㉡)으로 유지되게 한다. 최근 이에 대한 중요성이 부각되면서 긍정적인 방향으로 조성하기 위한 경영층의 노력이 이루어지고 있다.

① ㉠ : 목표, ㉡ : 혁신적 　　　② ㉠ : 구조, ㉡ : 단계적
③ ㉠ : 문화, ㉡ : 안정적 　　　④ ㉠ : 규칙, ㉡ : 체계적

출제의도

본 문항은 조직체계의 구성요소들의 개념을 묻는 문제이다.

해 설

조직문화란 조직구성원들 간에 공유하게 되는 생활양식이나 가치를 말한다. 이는 조직구성원들의 사고와 행동에 영향을 미치며 일체감과 정체성을 부여하고 조직이 안정적으로 유지되게 한다.

답 ③

(4) 조직변화의 과정

환경변화 인지 → 조직변화 방향 수립 → 조직변화 실행 → 변화결과 평가

(5) 조직과 개인

개인	지식, 기술, 경험 →	조직
	← 연봉, 성과급, 인정, 칭찬, 만족감	

2 **조직이해능력을 구성하는 하위능력**

(1) 경영이해능력

① 경영 : 경영은 조직의 목적을 달성하기 위한 전략, 관리, 운영활동이다.
 ㉠ 경영의 구성요소 : 경영목적, 인적자원, 자금, 전략
 ㉡ 경영의 과정

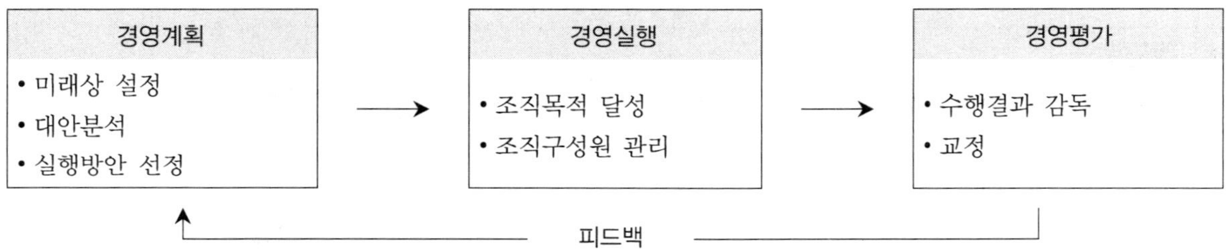

 ㉢ 경영활동 유형
  • 외부경영활동 : 조직외부에서 조직의 효과성을 높이기 위해 이루어지는 활동이다.
  • 내부경영활동 : 조직내부에서 인적, 물적 자원 및 생산기술을 관리하는 것이다.
② 의사결정과정
 ㉠ 의사결정의 과정
  • 확인 단계 : 의사결정이 필요한 문제를 인식한다.
  • 개발 단계 : 확인된 문제에 대하여 해결방안을 모색하는 단계이다.
  • 선택 단계 : 해결방안을 마련하며 실행가능한 해결안을 선택한다.
 ㉡ 집단의사결정의 특징
  • 지식과 정보가 더 많아 효과적인 결정을 할 수 있다.
  • 다양한 견해를 가지고 접근할 수 있다.
  • 결정된 사항에 대하여 의사결정에 참여한 사람들이 해결책을 수월하게 수용하고, 의사소통의 기회도 향
   상된다.

- 의견이 불일치하는 경우 의사결정을 내리는데 시간이 많이 소요된다.
- 특정 구성원에 의해 의사결정이 독점될 가능성이 있다.

③ 경영전략

ㄱ 경영전략 추진과정

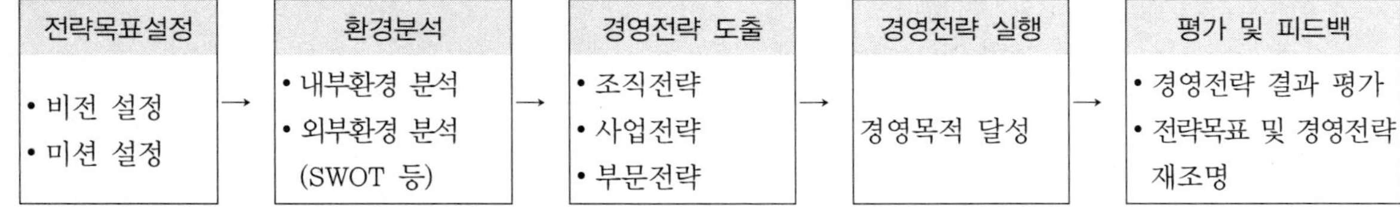

ㄴ 마이클 포터의 본원적 경쟁전략

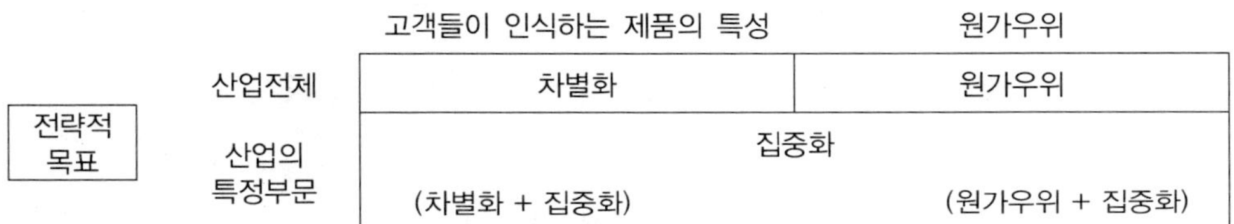

예제 2

다음은 경영전략을 세우는 방법 중 하나인 SWOT에 따른 어느 기업의 분석결과이다. 다음 중 주어진 기업 분석 결과에 대응하는 전략은?

강점(Strength)	• 차별화된 맛과 메뉴 • 폭넓은 네트워크
약점(Weakness)	• 매출의 계절적 변동폭이 큼 • 딱딱한 기업 이미지
기회(Opportunity)	• 소비자의 수요 트랜드 변화 • 가계의 외식 횟수 증가 • 경기회복 가능성
위협(Threat)	• 새로운 경쟁자의 진입 가능성 • 과도한 가계부채

내부환경 외부환경	강점(Strength)	약점(Weakness)
기회 (Opportunity)	① 계절 메뉴 개발을 통한 분기 매출 확보	② 고객의 소비패턴을 반영한 광고를 통한 이미지 쇄신
위협 (Threat)	③ 소비 트렌드 변화를 반영한 시장 세분화 정책	④ 고급화 전략을 통한 매출 확대

본 문항은 조직이해능력의 하위능력인 경영관리능력을 측정하는 문제이다. 기업에서 경영전략을 세우는데 많이 사용되는 SWOT분석에 대해 이해하고 주어진 분석표를 통해 가장 적절한 경영전략을 도출할 수 있는지를 확인할 수 있다.

해 설

② 딱딱한 이미지를 현재 소비자의 수요 트렌드라는 환경 변화에 대응하여 바꿀 수 있다.

답 ②

④ 경영참가제도

　　㉠ 목적

- 경영의 민주성을 제고할 수 있다.
- 공동으로 문제를 해결하고 노사 간의 세력 균형을 이룰 수 있다.
- 경영의 효율성을 제고할 수 있다.
- 노사 간 상호 신뢰를 증진시킬 수 있다.

　　㉡ 유형

- 경영참가 : 경영자의 권한인 의사결정과정에 근로자 또는 노동조합이 참여하는 것
- 이윤참가 : 조직의 경영성과에 대하여 근로자에게 배분하는 것
- 자본참가 : 근로자가 조직 재산의 소유에 참여하는 것

예제 3

다음은 중국의 H사에서 시행하는 경영참가제도에 대한 기사이다. 밑줄 친 이 제도는 무엇인가?

> H사는 '사람' 중심의 수평적 기업문화가 발달했다. H사는 <u>이 제도</u>의 시행을 통해 직원들이 경영에 간접적으로 참여할 수 있게 하였는데 이에 따라 자연스레 기업에 대한 직원들의 책임 의식도 강화됐다. 참여주주는 8만2471명이다. 모두 H사의 임직원이며, 이 중 창립자인 CEO R은 개인 주주로 총 주식의 1.18%의 지분과 퇴직연금으로 주식총액의 0.21%만을 보유하고 있다.

① 노사협의회제도　　　　　　② 이윤분배제도
③ 종업원지주제도　　　　　　④ 노동주제도

경영참가제도는 조직원이 자신이 속한 조직에서 주인의식을 갖고 조직의 의사결정과정에 참여할 수 있도록 하는 제도이다. 본 문항은 경영참가제도의 유형을 구분해낼 수 있는가를 묻는 질문이다.

종업원지주제도 … 기업이 자사 종업원에게 특별한 조건과 방법으로 자사 주식을 분양·소유하게 하는 제도이다. 이 제도의 목적은 종업원에 대한 근검저축의 장려, 공로에 대한 보수, 자사에의 귀속의식 고취, 자사에의 일체감 조성 등이 있다.

답 ③

---

(2) 체제이해능력

① 조직목표 : 조직이 달성하려는 장래의 상태

　　㉠ 조직목표의 기능

- 조직이 존재하는 정당성과 합법성 제공
- 조직이 나아갈 방향 제시
- 조직구성원 의사결정의 기준
- 조직구성원 행동수행의 동기유발

- 수행평가 기준
- 조직설계의 기준

ⓛ 조직목표의 특징

- 공식적 목표와 실제적 목표가 다를 수 있음
- 다수의 조직목표 추구 가능
- 조직목표 간 위계적 상호관계가 있음
- 가변적 속성
- 조직의 구성요소와 상호관계를 가짐

② 조직구조

㉠ 조직구조의 결정요인 : 전략, 규모, 기술, 환경

ⓛ 조직구조의 유형과 특징

유형	특징
기계적 조직	• 구성원들의 업무가 분명하게 규정 • 엄격한 상하 간 위계질서 • 다수의 규칙과 규정 존재
유기적 조직	• 비공식적인 상호의사소통 • 급변하는 환경에 적합한 조직

③ 조직문화

㉠ 조직문화 기능

- 조직구성원들에게 일체감, 정체성 부여
- 조직몰입 향상
- 조직구성원들의 행동지침 : 사회화 및 일탈행동 통제
- 조직의 안정성 유지

ⓛ 조직문화 구성요소(7S) : 공유가치(Shared Value), 리더십 스타일(Style), 구성원(Staff), 제도·절차(System), 구조(Structure), 전략(Strategy), 스킬(Skill)

④ 조직 내 집단

㉠ 공식적 집단 : 조직에서 의식적으로 만든 집단으로 집단의 목표, 임무가 명확하게 규정되어 있다.

　예 임시위원회, 작업팀 등

ⓛ 비공식적 집단 : 조직구성원들의 요구에 따라 자발적으로 형성된 집단이다.

　예 스터디모임, 봉사활동 동아리, 각종 친목회 등

(3) 업무이해능력

① 업무 : 업무는 상품이나 서비스를 창출하기 위한 생산적인 활동이다.

   ㉠ 업무의 종류

부서	업무(예)
총무부	주주총회 및 이사회개최 관련 업무, 의전 및 비서업무, 집기비품 및 소모품의 구입과 관리, 사무실 임차 및 관리, 차량 및 통신시설의 운영, 국내외 출장 업무 협조, 복리후생 업무, 법률자문과 소송 관리, 사내외 홍보 광고업무
인사부	조직기구의 개편 및 조정, 업무분장 및 조정, 인력수급계획 및 관리, 직무 및 정원의 조정 종합, 노사관리, 평가관리, 상벌관리, 인사발령, 교육체계 수립 및 관리, 임금제도, 복리후생제도 및 지원 업무, 복무관리, 퇴직관리
기획부	경영계획 및 전략 수립, 전사기획업무 종합 및 조정, 중장기 사업계획의 종합 및 조정, 경영정보 조사 및 기획보고, 경영진단업무, 종합예산수립 및 실적관리, 단기사업계획 종합 및 조정, 사업계획, 손익추정, 실적관리 및 분석
회계부	회계제도의 유지 및 관리, 재무상태 및 경영실적 보고, 결산 관련 업무, 재무제표분석 및 보고, 법인세, 부가가치세, 국세 지방세 업무자문 및 지원, 보험가입 및 보상업무, 고정자산 관련 업무
영업부	판매 계획, 판매예산의 편성, 시장조사, 광고 선전, 견적 및 계약, 제조지시서의 발행, 외상매출금의 청구 및 회수, 제품의 재고 조절, 거래처로부터의 불만처리, 제품의 애프터서비스, 판매원가 및 판매가격의 조사 검토

다음은 I기업의 조직도와 팀장님의 지시사항이다. H씨가 팀장님의 심부름을 수행하기 위해 연락해야 할 부서로 옳은 것은?

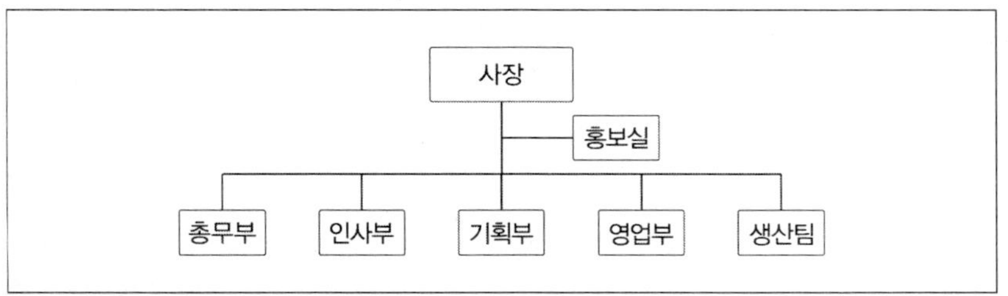

H씨! 내가 지금 너무 바빠서 그러는데 부탁 좀 들어줄래요? 다음 주 중에 사장님 모시고 클라이언트와 만나야 할 일이 있으니까 사장님 일정을 확인해주시구요. 이번 달에 신입사원 교육·훈련계획이 있었던 것 같은데 정확한 시간이랑 날짜를 확인해주세요.

① 총무부, 인사부
② 총무부, 홍보실
③ 기획부, 총무부
④ 영업부, 기획부

조직도와 부서의 명칭을 보고 개략적인 부서의 소관 업무를 분별할 수 있는지를 묻는 문항이다.

사장의 일정에 관한 사항은 비서실에서 관리하나 비서실이 없는 회사의 경우 총무부(또는 팀)에서 비서업무를 담당하기도 한다. 또한 신입사원 관리 및 교육은 인사부에서 관리한다.

답 ①

   ⓛ 업무의 특성

- 공통된 조직의 목적 지향
- 요구되는 지식, 기술, 도구의 다양성
- 다른 업무와의 관계, 독립성
- 업무수행의 자율성, 재량권

② 업무수행 계획

   ㉠ 업무지침 확인 : 조직의 업무지침과 나의 업무지침을 확인한다.

   ⓛ 활용 자원 확인 : 시간, 예산, 기술, 인간관계

   ㉢ 업무수행 시트 작성

- 간트 차트 : 단계별로 업무의 시작과 끝 시간을 바 형식으로 표현
- 워크 플로 시트 : 일의 흐름을 동적으로 보여줌
- 체크리스트 : 수행수준 달성을 자가점검

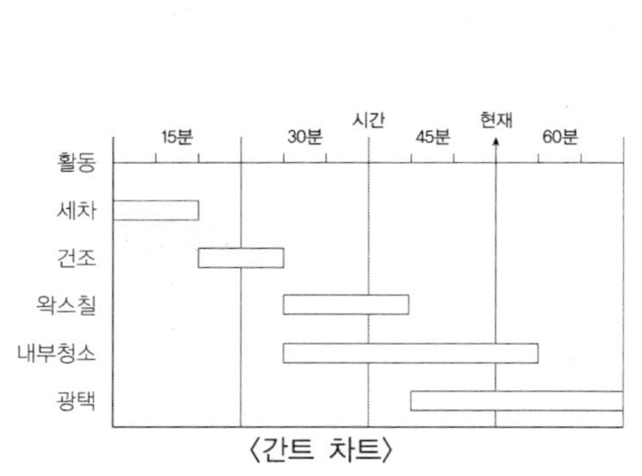

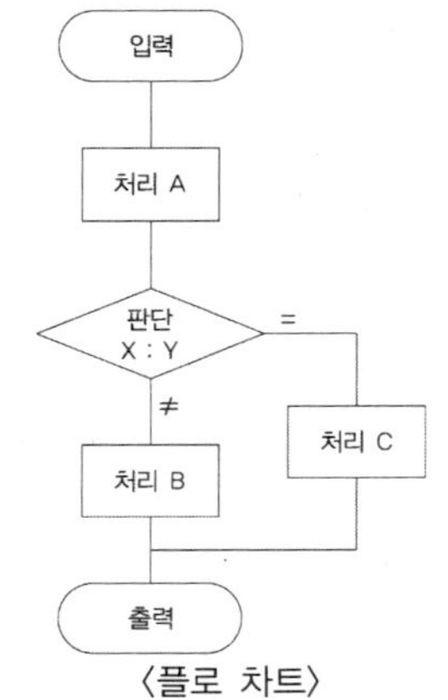

예제 5

다음 중 업무수행 시 단계별로 업무를 시작해서 끝나는 데까지 걸리는 시간을 바 형식으로 표시하여 전체 일정 및 단계별로 소요되는 시간과 각 업무활동 사이의 관계를 볼 수 있는 업무수행 시트는?

① 간트 차트
② 워크 플로 차트
③ 체크리스트
④ 퍼트 차트

출제의도

업무수행 계획을 수립할 때 간트 차트, 워크 플로 시트, 체크리스트 등의 수단을 이용하면 효과적으로 계획하고 마지막에 급하게 일을 처리하지 않고 주어진 시간 내에 끝마칠 수 있다. 본 문항은 그러한 수단이 되는 차트들의 이해도를 묻는 문항이다.

해 설

② 일의 절차 처리의 흐름을 표현하기 위해 기호를 써서 도식화한 것
③ 업무를 세부적으로 나누고 각 활동별로 수행수준을 달성했는지를 확인하는 데 효과적
④ 하나의 사업을 수행하는 데 필요한 다수의 세부사업을 단계와 활동으로 세분하여 관련된 계획 공정으로 묶고, 각 활동의 소요시간을 낙관시간, 최가능시간, 비관시간 등 세 가지로 추정하고 이를 평균하여 기대시간을 추정

답 ①

③ 업무 방해요소

  ㉠ 다른 사람의 방문, 인터넷, 전화, 메신저 등

  ㉡ 갈등관리

  ㉢ 스트레스

(4) 국제감각

① 세계화와 국제경영

 ㉠ 세계화 : 3Bs(국경 ; Border, 경계 ; Boundary, 장벽 ; Barrier)가 완화되면서 활동범위가 세계로 확대되는 현상이다.

 ㉡ 국제경영 : 다국적 내지 초국적 기업이 등장하여 범지구적 시스템과 네트워크 안에서 기업 활동이 이루어지는 것이다.

② 이문화 커뮤니케이션 : 서로 상이한 문화 간 커뮤니케이션으로 직업인이 자신의 일을 수행하는 가운데 문화 배경을 달리하는 사람과 커뮤니케이션을 하는 것이 이에 해당한다. 이문화 커뮤니케이션은 언어적 커뮤니케이션과 비언어적 커뮤니케이션으로 구분된다.

③ 국제 동향 파악 방법

 ㉠ 관련 분야 해외사이트를 방문해 최신 이슈를 확인한다.

 ㉡ 매일 신문의 국제면을 읽는다.

 ㉢ 업무와 관련된 국제잡지를 정기구독 한다.

 ㉣ 고용노동부, 한국산업인력공단, 산업통상자원부, 중소기업청, 상공회의소, 산업별인적자원개발협의체 등의 사이트를 방문해 국제동향을 확인한다.

 ㉤ 국제학술대회에 참석한다.

 ㉥ 업무와 관련된 주요 용어의 외국어를 알아둔다.

 ㉦ 해외서점 사이트를 방문해 최신 서적 목록과 주요 내용을 파악한다.

 ㉧ 외국인 친구를 사귀고 대화를 자주 나눈다.

④ 대표적인 국제매너

 ㉠ 미국인과 인사할 때에는 눈이나 얼굴을 보는 것이 좋으며 오른손으로 상대방의 오른손을 힘주어 잡았다가 놓아야 한다.

 ㉡ 러시아와 라틴아메리카 사람들은 인사할 때에 포옹을 하는 경우가 있는데 이는 친밀함의 표현이므로 자연스럽게 받아주는 것이 좋다.

 ㉢ 명함은 받으면 꾸기거나 계속 만지지 않고 한 번 보고나서 탁자 위에 보이는 채로 대화하거나 명함집에 넣는다.

 ㉣ 미국인들은 시간 엄수를 중요하게 생각하므로 약속시간에 늦지 않도록 주의한다.

 ㉤ 스프를 먹을 때에는 몸쪽에서 바깥쪽으로 숟가락을 사용한다.

 ㉥ 생선요리는 뒤집어 먹지 않는다.

 ㉦ 빵은 스프를 먹고 난 후부터 디저트를 먹을 때까지 먹는다.

조직이해능력

1 다음 기사를 보고 ( ) 안에 들어갈 말로 가장 적절한 것은?

> 본격적인 임금·단체협약시기를 앞두고 경제계가 통상임금, 정년연장, 근로시간 단축 등 노사 간 쟁점에 대한 교섭방안을 내놨다. 대한상공회의소는 노동시장 제도변화에 따른 기업의 대응방안을 담은 '2014년 임단협 대응방향 가이드'를 19일 발표했다. 대한상공회의소에서 기업의 임단협 안내서 성격인 가이드를 발표한 것은 이번이 처음이다. 대한상공회의소의 관계자는 "올해 노동시장은 대법원 통상임금 확대판결, 2016년 시행되는 정년 60세 의무화, 국회에서 추진 중인 근로시간 단축 등 굵직한 변화를 겪고 있다"며 "어느 때보다 혼란스럽고 중요한 임단협이 될 것이란 판단에 가이드를 발표했다"고 밝혔다. 가이드에는 통상임금, 정년연장, 근로시간 등 3대 노동현안에 대한 기업의 대응방안이 중점적으로 제시되었다. 통상임금의 경우, 각종 수당과 상여금을 통상임금에서 무조건 제외하기보다 노조·근로자와 성실한 대화로 연착륙 방안을 찾아야 한다고 강조했다. 임금구성항목 단순화, 임금체계 개편, 근무체계 개선, 소급분 해소 등이 필요하다고 권고했다. 2016년 시행되는 정년 60세 의무화와 관련, 준비 없는 정년연장의 부작용을 예방하기 위해 (   )의 도입을 적극 고려할 것을 주문했다.

① Profit Sharing Plan

② Profit Sliding Scale Plan

③ Salary Peak System

④ Selling Price Sliding Scale Plan

⑤ Salary Handling System

> ✔ **해설** 임금피크제도(Salary Peak System) ··· 조직의 종업원이 일정한 나이가 지나면 생산성에 따라 임금을 지급하는 제도로 현실적으로는 나이가 들어 생산성이 내려가면서 임금을 낮추는 제도인데, 조직의 구성원이 일정한 연령에 이르면 그 때의 연봉을 기준으로 임금을 줄여나가는 대신 계속 근무를 할 수 있도록 하는 새로운 정년보장 제도를 의미한다.

2 다음 글의 '직무순환제'와 연관성의 높은 설명에 해당하는 것은?

> 경북 포항시에 본사를 둔 대기환경관리 전문업체 (주)에어릭스는 직원들의 업무능력을 배양하고 유기적인 조직운영을 위해 '직무순환제'를 실시하고 있다. 에어릭스의 직무순환제는 대기환경설비의 생산, 정비, 설계, 영업 파트에 속한 직원들이 일정 기간 해당 업무를 익힌 후 다른 부서로 이동해 또 다른 업무를 직접 경험해볼 수 있도록 하는 제도이다. 직무순환제를 통해 젊은 직원들은 다양한 업무를 거치면서 개개인의 역량을 쌓을 수 있을 뿐 아니라 풍부한 현장 경험을 축적한다. 특히 대기환경설비 등 플랜트 사업은 설계, 구매 · 조달, 시공 등 모든 파트의 유기적인 운영이 중요하다. 에어릭스의 경우에도 현장에서 실시하는 환경진단과 설비 운영 및 정비 등의 경험을 쌓은 직원이 효율적으로 집진기를 설계하며 생생한 현장 노하우가 영업에서의 성과로 이어진다. 또한 직무순환제를 통해 다른 부서의 업무를 실질적으로 이해함으로써 각 부서 간 활발한 소통과 협업을 이루고 있다.

① 직무순환을 실시함으로써 구성원들의 노동에 대한 싫증 및 소외감을 더 많이 느끼게 될 것이다.

② 직무순환을 실시할 경우 구성원 자신이 조직의 구성원으로써 가치 있는 존재로 인식을 하게끔 하는 역할을 수행한다.

③ 구성원들을 승진시키기 전 단계에서 실시하는 하나의 단계적인 교육훈련방법으로 파악하기 어렵다.

④ 직무순환은 조직변동에 따른 부서 간의 과부족 인원의 조정 또는 사원 개개인의 사정에 의한 구제를 하지 않기 위함이다.

⑤ 직무순환은 장기적 관점보다는 단기적 관점에서 검토하여야 한다.

> ✔ **해설** 직무순환은 종업원들의 여러 업무에 대한 능력개발 및 단일직무로 인한 나태함을 줄이기 위한 것에 그 의미가 있으며, 여러 가지 다양한 업무를 경험함으로써 종업원에게도 어떠한 성장할 수 있는 기회를 제공한다. 따라서 인사와 교육의 측면에서 장기적 관점으로 검토해야 한다.

3 다음의 내용을 보고 밑줄 친 부분에 대한 특성으로 옳지 않은 것은?

> 롯데홈쇼핑은 14일 서울 양평동 본사에서 한국투명성기구와 '윤리경영 세미나'를 개최했다고 15일 밝혔다. 롯데홈쇼핑은 지난 8월 국내 민간기업 최초로 한국투명성기구와 '청렴경영 협약'을 맺고 롯데홈쇼핑의 반부패 청렴 시스템 구축, 청렴도 향상·윤리경영 문화 정착을 위한 교육, 경영 투명성과 윤리성 확보를 위한 활동 등을 함께 추진하기도 했다.
>
> 이번 '윤리강령 세미나'에서는 문형구 고려대학교 경영학과 교수가 '윤리경영의 원칙과 필요성'을, 강성구 한국투명성기구 상임정책위원이 '사례를 통해 본 윤리경영의 방향'을 주제로 강의를 진행했다. 문형구 교수는 <u>윤리경영</u>을 통해 혁신이 이뤄지고 기업의 재무성과가 높아진 실제 연구사례를 들며 윤리경영의 필요성에 대해 강조했으며, "롯데홈쇼핑이 잘못된 관행을 타파하고 올바르게 사업을 진행해 나가 윤리적으로 모범이 되는 기업으로 거듭나길 바란다"고 말했다. 또 강성구 상임정책위원은 윤리적인 기업으로 꼽히는 '존슨 앤 존슨'과 '유한킴벌리'의 경영 사례를 자세히 설명하고 "윤리경영을 위해 기업의 운영과정을 투명하게 공개하는 것이 중요하다"고 강조했다. 강연을 마친 후에는 개인 비리를 막을 수 있는 조직의 대응방안 등 윤리적인 기업으로 거듭나는 방법에 대한 질의응답이 이어졌다. 임삼진 롯데홈쇼핑 CSR동반성장위원장은 "투명하고 공정한 기업으로 거듭나기 위한 방법에 대해 늘 고민하고 있다'며, "강연을 통해 얻은 내용들을 내부적으로 잘 반영해 진정성 있는 변화의 모습을 보여 드리겠다"고 말했다.

① 윤리경영은 경영상의 관리지침이다.
② 윤리경영은 경영활동의 규범을 제시해준다.
③ 윤리경영은 응용윤리이다.
④ 윤리경영은 경영의사결정의 도덕적 가치기준이다.
⑤ 윤리경영은 투명하고 공정하며 합리적인 업무 수행을 추구한다.

✔ 해설 윤리경영의 특징
ⓐ 윤리경영은 경영활동의 옳고 그름에 대한 판단 기준이다.
ⓑ 윤리경영은 경영활동의 규범을 제시해준다.
ⓒ 윤리경영은 경영의사결정의 도덕적 가치기준이다.
ⓓ 윤리경영은 응용윤리이다.

[결재규정]

- 결재를 받으려면 업무에 대해서는 최고결정권자를 포함한 이하 직책자의 결재를 받아야 한다.
- 전결이라 함은 회사의 경영활동이나 관리활동을 수행함에 있어 의사결정이나 판단을 요하는 일에 대하여 최고결재권자의 결재를 생략하고, 자신의 책임 하에 최종적으로 의사결정이나, 판단을 하는 행위를 말한다.
- 전결사항에 대해서도 위임 받은 자를 포함한 이하 직책자의 결재를 받아야 한다.
- 표시내용 : 결재를 올리는 자는 최고결재권자로부터 전결사항을 위임 받은 자가 있는 경우 전결이라고 표시하고 최종 결재권자에 위임 받은 자를 표시한다. 다만, 결재가 불필요한 직책자의 결재란은 상향대각선으로 표시한다.
- 본 규정에서 정한 전결권자가 유고 또는 공석 시 그 직급의 직무권한은 차상급 직책자가 수행함을 원칙으로 한다.
- 각 직급은 긴급을 요하는 업무처리에 있어서 상위 전결권자의 결재를 득할 수 없을 경우 합리적인 방향으로 업무를 진행하여 차상위자의 전결로 처리하며, 사후 결재권자의 결재를 득해야 한다.
- 최고결재권자의 결재사항 및 최고결재권자로부터 위임된 전결사항은 다음의 표에 따른다.

구분	내용	금액기준	결재서류	팀장	본부장	사장
접대비	거래처 식대, 경조사비	10만 원 이하	접대비지출품의서, 지출신청서	● ◇		
		30만 원 이하			● ◇	
		30만 원 초과				● ◇
출장비	국내출장비	30만 원 이하	출장계획서, 출장비신청서	● ◇		
		50만 원 이하			◇	
		50만 원 초과		●		◇
	해외출장비					
소모품비	사무용품비		지출결의서	◇		
	전산소모품					◇
	기타 소모품	10만 원 이하		◇		
		30만 원 이하				
		30만 원 초과				◇
법인카드	법인카드 사용	30만 원 이하	법인카드 사용신청서			
		50만 원 이하			◇	
		50만 원 초과				◇

● : 기안서, 출장계획서, 접대비지출품의서 등

◇ : 세금계산서, 발행요청서, 각종신청서 등

4 다음 중 위의 전결규정을 바르게 이해하지 못한 설명은?

① 접대비는 금액에 따라 전결권자가 달라진다.

② 사무용품비 지출결의서는 금액에 상관없이 팀장의 전결사항이다.

③ 팀장 전결 사항의 결재서류에는 본부장 결재란에 상향대각선을 표시한다.

④ 해외출장자는 출장계획서와 출장비신청서에 대해 팀장의 최종결재를 얻어야 한다.

⑤ 사장 부재 시, 사장 전결 사항의 결재서류에는 본부장 결재란에 '전결' 표시를 하게 된다.

> ✔해설 해외출장의 출장계획서는 팀장의 전결사항이나, 출장비신청서는 '각종신청서'에 속하므로 사장의 전결사항으로 규정되어 있다.

5 기술팀 권 대리는 약 45만 원이 소요되는 업무 처리 건에 대하여 법인카드를 사용하고자 한다. 권 대리가 작성해야 할 서류의 양식으로 바른 것은?

①

법인카드사용신청서				
결재	담당	팀장	본부장	사장
	권 대리		전결	본부장

②

법인카드사용신청서				
결재	담당	팀장	본부장	사장
	권 대리			

③

법인카드사용신청서				
결재	담당	팀장	본부장	사장
	권 대리			전결

④

법인카드사용신청서				
결재	담당	팀장	본부장	사장
	권 대리			전결

⑤

지출결의서				
결재	담당	팀장	본부장	사장
	권 대리		전결	본부장

> ✔해설 50만 원 이하의 법인카드 사용의 건이므로 본부장을 전결권자로 하는 법인카드신청서가 필요한 경우가 된다. 따라서 본부장 결재란에 '전결'을 표시하여야 하며, 최종 결재권자란에 '본부장'을 표시한다. 상향대각선이 필요하지 않은 결재 건이다.

6 다음 중 아래 조직도를 보고 잘못 이해한 것은?

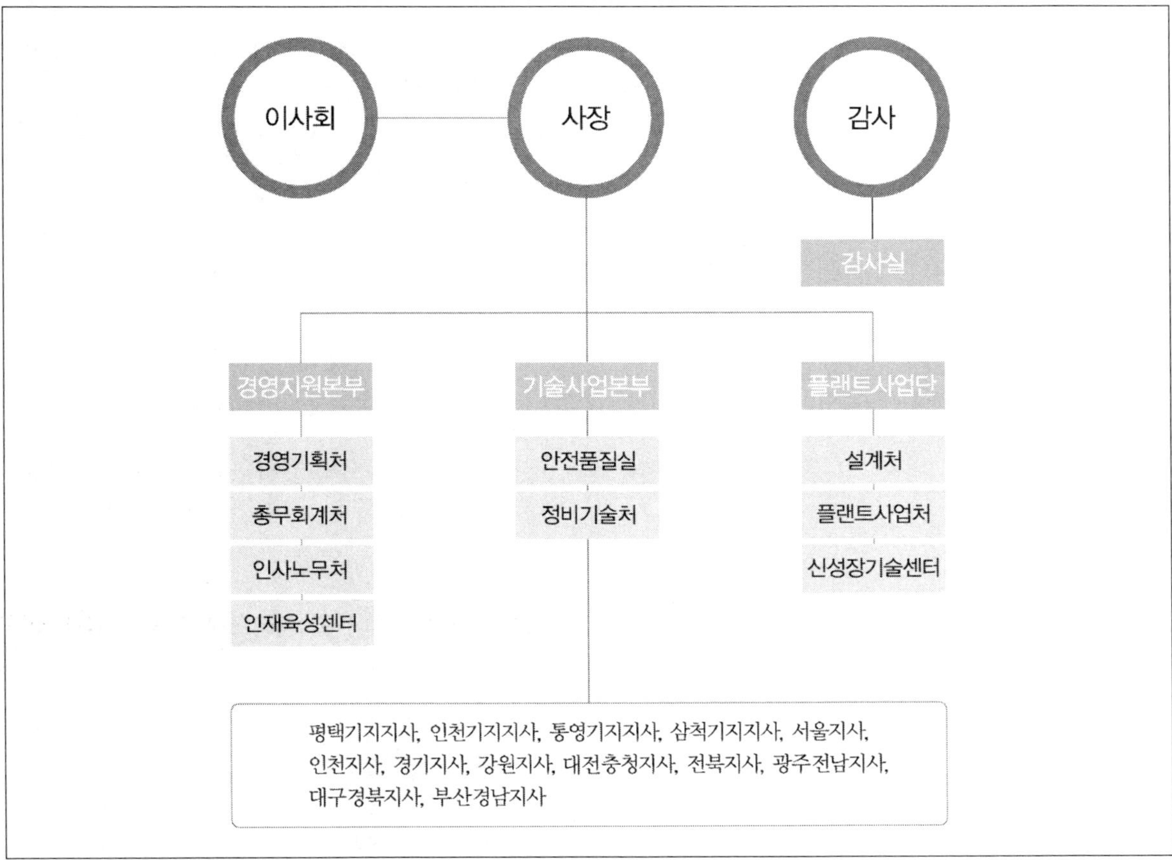

① 이 회사에는 13개의 지사가 존재한다.

② 부사장이 존재하지 않으며, 사장이 모든 본부와 단을 이끌고 있다.

③ 인사노무처와 총무회계처는 각각 다른 본부에 소속되어 있다.

④ 플랜트 사업단은 2개의 처와 1개의 센터를 이끌고 있다.

⑤ 감사와 감사실은 독립된 부서이다.

✔해설 ③ 인사노무처와 총무회계처는 같은 본부(경영지원본부)에 소속되어 있다.

7 다음 제시된 글에서 빈칸에 들어갈 말로 적절한 것은?

> 　　조직을 통해 조직구성원들 간에 공유하는 생활양식을 공유하는 것을 (　㉠　)라고 한다. 또한 조직의 목표나 전략에 따라 수립된 (　㉡　)을 통해 일관성이 부여된다.

① ㉠ 조직목표, ㉡ 조직구조
② ㉠ 규칙, ㉡ 조직문화
③ ㉠ 조직문화, ㉡ 규칙
④ ㉠ 조직구조, ㉡ 조직목표
⑤ ㉠ 규칙, ㉡ 조직구조

> ✔해설　조직체제 구성요소
> 　㉠ 조직목표 : 전체 조직의 성과, 자원, 시장, 인력개발, 혁신과 변화, 생산성에 대한 목표
> 　㉡ 조직구조 : 조직 내의 부문 사이에 형성된 관계
> 　㉢ 조직문화 : 조직구성원들 간에 공유하는 생활양식이나 가치
> 　㉣ 규칙 및 규정 : 조직의 목표나 전략에 따라 수립되어 조직구성원들이 활동범위를 제약하고 일관성을 부여하는 기능

8 다음은 Q기업의 조직도와 팀장님의 지시사항이다. 다음 중 J씨가 해야 할 행동으로 가장 적절한 것은?

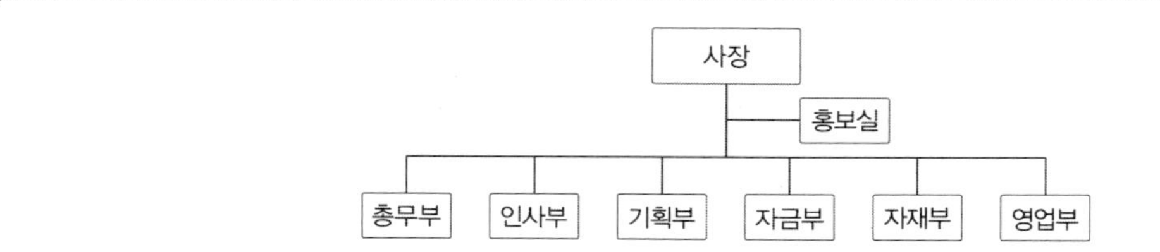

[팀장 지시사항]

　　J씨, 다음 주에 신규직원 공채시작이지? 실무자에게 부탁해서 공고문 확인하고 지난번에 우리 부서에서 제출한 자료랑 맞게 제대로 들어갔는지 확인해주고 공채 절차하고 채용 후에 신입직원 교육이 어떻게 진행되는지 정확한 자료를 좀 받아와요.

① 홍보실에서 신규직원 공채 공고문을 받고, 인사부에서 신입직원 교육 자료를 받아온다.
② 인사부에서 신규직원 공채 공고문을 받고, 총무부에서 신입직원 교육 자료를 받아온다.
③ 인사부에서 신규직원 공채 공고문과 신입직원 교육 자료를 받아온다.
④ 총무부에서 신규직원 공채 공고문과 신입직원 교육 자료를 받아온다.
⑤ 영업부에서 신규직원 공채 공고문과 신입직원 교육 자료를 받아온다.

> ✔해설　인력수급계획 및 관리, 교육체계 수립 및 관리는 인사부에서 담당하는 업무의 일부이다.

〈20××년 사내 복지 제도〉

주택 지원
주택구입자금 대출
전보자 및 독신자를 위한 합숙소 운영

자녀학자금 지원
중고생 전액지원, 대학생 무이자융자

경조사 지원
사내근로복지기금을 운영하여 각종 경조금 지원

기타
사내 동호회 활동비 지원
상병 휴가, 휴직, 4대보험 지원
생일 축하금(상품권 지급)

〈20××년 1/4분기 지원 내역〉

이름	부서	직위	내역	금액(만 원)
엄영식	총무팀	차장	주택구입자금 대출	−
이수연	전산팀	사원	본인 결혼	10
임효진	인사팀	대리	독신자 합숙소 지원	−
김영태	영업팀	과장	휴직(병가)	−
김원식	편집팀	부장	대학생 학자금 무이자융자	−
심민지	홍보팀	대리	부친상	10
이영호	행정팀	대리	사내 동호회 활동비 지원	10
류민호	자원팀	사원	생일(상품권 지급)	5
백성미	디자인팀	과장	중학생 학자금 전액지원	100
채준민	재무팀	인턴	사내 동호회 활동비 지원	10

9 인사팀에 근무하고 있는 사원 B씨는 20××년 1분기에 지원을 받은 사원들을 정리했다. 다음 중 분류가 잘 못된 사원은?

구분	이름
주택 지원	엄영식, 임효진
자녀학자금 지원	김원식, 백성미
경조사 지원	이수연, 심민지, 김영태
기타	이영호, 류민호, 채준민

① 엄영식　　　　　　　　　　　② 김원식

③ 심민지　　　　　　　　　　　④ 김영태

⑤ 류민호

✔해설 김영태는 병가로 인한 휴직이므로 '기타'에 속해야 한다.

10 사원 B씨는 위의 복지제도와 지원 내역을 바탕으로 2분기에도 사원들을 지원하려고 한다. 지원한 내용으로 옳지 않은 것은?

① 엄영식 차장이 장모상을 당하셔서 경조금 10만 원을 지원하였다.
② 심민지 대리가 동호회에 참여하게 되어서 활동비 10만 원을 지원하였다.
③ 이수연 사원의 생일이라서 현금 5만 원을 지원하였다.
④ 류민호 사원이 결혼을 해서 10만 원을 지원하였다.
⑤ 김영태 과장의 자녀가 중학교에 입학하여 학자금 전액을 지원하였다.

✔해설 ③ 생일인 경우에는 상품권 5만 원을 지원한다.

11 다음은 각 부서에 발행된 업무지시문이다. 다음 중 ㉠에 들어갈 부서로 가장 적절한 것은?

업무지시문(업무협조전 사용에 대한 지시)

수신 : 전 부서장님들께

참조 : 업무협조전 양식

제목 : 업무협조전 사용에 대한 지시문

　업무 수행에 노고가 많으십니다. 부서 간의 원활한 업무진행을 위하여 다음과 같이 업무협조전을 사용하도록 결정하였습니다. 업무효율화를 도모하고자 업무협조전을 사용하도록 권장하는 것이니 본사의 지시에 따라주시기 바랍니다. 궁금하신 점은 (㉠) 담당자(내선:012)에게 문의해주시기 바랍니다.

−다음−

1. 목적
　(1) 업무협조전 이용의 미비로 인한 부서 간 업무 차질 해소
　(2) 발신부서와 수신부서 간의 명확한 책임소재 규명
　(3) 부서 간의 원활한 의견교환을 통한 업무 효율화 추구
　(4) 부서 간의 업무 절차와 내용에 대한 근거 확보
2. 부서 내의 적극적 사용권장을 통해 업무협조전이 사내에 정착될 수 있도록 부탁드립니다.
3. 첨부된 업무협조전 양식을 사용하시기 바랍니다.
4. 기타: 문서관리규정을 회사사규에 등재할 예정이오니 업무에 참고하시기 바랍니다.

20××년 10월 1일

N유통

(㉠) 장 ○○○배상

---

① 총무부

② 기획부

③ 영업부

④ 경영지원부

⑤ 인사부

✔**해설**　조직기구의 업무분장 및 조절 등에 관한 사항은 인사부에서 관리한다.

┃12~13┃ 다음 설명을 읽고 분석 결과에 대응하는 가장 적절한 전략을 고르시오.

SWOT분석이란 기업의 환경 분석을 통해 마케팅 전략을 수립하는 기법이다. 조직 내부 환경으로는 조직이 우위를 점할 수 있는 강점(Strength), 조직의 효과적인 성과를 방해하는 자원·기술·능력면에서의 약점(Weakness), 조직 외부 환경으로는 조직 활동에 이점을 주는 기회(Opportunity), 조직 활동에 불이익을 미치는 위협(Threat)으로 구분된다.

※ SWOT분석에 의한 마케팅 전략

    ㉠ SO전략(강점-기회전략) : 시장의 기회를 활용하기 위해 강점을 사용하는 전략
    ㉡ ST전략(강점-위협전략) : 시장의 위협을 회피하기 위해 강점을 사용하는 전략
    ㉢ WO전략(약점-기회전략) : 약점을 극복함으로 시장의 기회를 활용하려는 전략
    ㉣ WT전략(약점-위협전략) : 시장의 위협을 회피하고 약점을 최소화하는 전략

12　다음은 A화장품 기업의 SWOT분석이다. 다음 중 SO전략에 해당하는 것은?

강점(Strength)	• 화장품과 관련된 높은 기술력 보유 • 기초화장품 전문 브랜드라는 소비자인식과 높은 신뢰도
약점(Weakness)	• 남성전용 화장품 라인의 후발주자 • 용량 대비 높은 가격
기회(Opportunity)	• 남성들의 화장품에 대한 인식변화와 화장품 시장의 지속적인 성장 • 화장품 분야에 대한 정부의 지원
위협(Threat)	• 경쟁업체들의 남성화장품 시장 공략 • 내수경기 침체로 인한 소비심리 위축

① 유통비 조정을 통한 제품의 가격 조정
② 정부의 지원을 통한 제품의 가격 조정
③ 남성화장품 이외의 라인에 주력하여 경쟁력 강화
④ 기초화장품 기술력을 통한 경쟁적 남성 기초화장품 개발
⑤ 기초화장품 기술력을 남성화장품 이외의 라인에 적용

✔**해설**　① WO전략　② WO전략　③ WT전략　⑤ ST전략

13 다음은 여성의류 인터넷쇼핑몰의 SWOT분석이다. 가장 적절한 전략은?

강점(Strength)	• 쉽고 빠른 제품선택, 시·공간의 제약 없음 • 오프라인 매장이 없어 비용 절감 • 고객데이터 활용의 편리성
약점(Weakness)	• 높은 마케팅비용 • 보안 및 결제시스템의 취약점 • 낮은 진입 장벽으로 경쟁업체 난립
기회(Opportunity)	• 업체 간 업무 제휴로 상생 경영 • IT기술과 전자상거래 기술 발달
위협(Threat)	• 경기 침체의 가변성 • 잦은 개인정보유출사건으로 인한 소비자의 신뢰도 하락 • 일부 업체로의 집중화에 의한 독과점 발생

① SO전략 : 액세서리 쇼핑몰과의 제휴로 마케팅비용을 줄인다.

② ST전략 : 높은 IT기술을 이용하여 보안부문을 강화한다.

③ WT전략 : 고객데이터를 이용하여 이벤트를 주기적으로 열어 경쟁력을 높인다.

④ WO전략 : 남성의류 쇼핑몰과 제휴를 맺어 연인컨셉으로 경쟁력을 높이면서 마켓팅 비용을 절감한다.

⑤ ST전략 : IT 업계와의 협업을 통해 고객에게 제품 정보를 제공한다.

✔ 해설   ①② WO전략   ③ ST전략   ⑤ SO전략

14 조직구조의 유형과 그 특징에 대한 설명으로 옳은 것은?

> ㉠ 조직구조는 의사결정 권한의 집중 정도, 명령 계통, 최고경영자의 통제, 규칙과 규제의 정도 등에 따라 기계적 조직과 유기적 조직으로 구분할 수 있다.
> ㉡ 기계적 조직은 구성원들의 업무가 분명하게 정의되고 많은 규칙과 규제들이 있으며, 상하간 의사소통이 공식적인 경로를 통해 이루어진다.
> ㉢ 유기적 조직은 의사결정권한이 조직의 하부구성원들에게 많이 위임되어 있으며, 업무 또한 고정되지 않고 공유 가능한 조직이다.
> ㉣ 유기적 조직은 비공식적인 상호의사소통이 원활히 이루어지며, 규제나 통제의 정도가 높아 엄격한 위계질서가 존재한다.

① ㉠㉡
② ㉢㉣
③ ㉠㉡㉢
④ ㉡㉢㉣
⑤ ㉠㉡㉢㉣

✔ **해설** ㉣ 유기적 조직은 비공식적 상호의사소통이 원활히 이루어지며, 규제나 통제의 정도가 낮아 변화에 따라 쉽게 변할 수 있다.
규제나 통제의 정도가 높아 엄격한 위계질서 존재 → 기계적 조직

15 다음의 빈칸에 들어갈 말을 순서대로 나열한 것은?

> 조직의 (㉠)은/는 조직 내의 부문 사이에 형성된 관계로 조직목표를 달성하기 위한 조직구성원들의 상호작용을 보여준다. 이는 결정권의 집중정도, 명령계통, 최고경영자의 통제, 규칙과 규제의 정도에 따라 달라지며 구성원들의 업무나 권한이 분명하게 정의된 기계적 조직과 의사결정권이 하부구성원들에게 많이 위임되고 업무가 고정적이지 않은 유기적 조직으로 구분될 수 있다. (㉡)은/는 이를 쉽게 파악할 수 있고 구성원들의 임무, 수행하는 과업, 일하는 장소 등을 파악하는데 용이하다.
>
> 한편 조직이 지속되게 되면 조직구성원들 간 생활양식이나 가치를 공유하게 되는데 이를 조직의 (㉢)라고 한다. 이는 조직구성원들의 사고와 행동에 영향을 미치며 일체감과 정체성을 부여하고 조직이 (㉣)으로 유지되게 한다. 최근 이에 대한 중요성이 부각되면서 긍정적인 방향으로 조성하기 위한 경영층의 노력이 이루어지고 있다.

	㉠	㉡	㉢	㉣
①	구조	조직도	문화	안정적
②	목표	비전	규정	체계적
③	미션	핵심가치	구조	혁신적
④	직급	규정	비전	단계적
⑤	문화	회사내규	핵심가치	협력적

✔ **해설** 조직체제 구성요소

㉠ **조직목표** : 조직이 달성하려는 장래의 상태로 조직이 존재하는 정당성과 합법성을 제공한다. 전체 조직의 성과, 자원, 시장, 인력개발, 혁신과 변화, 생산성에 대한 목표가 포함된다.

㉡ **조직구조** : 조직 내의 부문 사이에 형성된 관계로 조직목표를 달성하기 위한 조직구성원들의 상호작용을 보여준다. 조직구조는 결정권의 집중정도, 명령계통, 최고경영자의 통제, 규칙과 규제의 정도에 따라 달라지며 구성원들의 업무나 권한이 분명하게 정의된 기계적 조직과 의사결정권이 하부구성원들에게 많이 위임되고 업무가 고정적이지 않은 유기적 조직으로 구분될 수 있다. 조직의 구성은 조직도를 통해 쉽게 파악할 수 있는데, 이는 구성원들의 임무, 수행하는 과업, 일하는 장소 등을 파악하는데 용이하다.

㉢ **조직문화** : 조직이 지속되게 되면서 조직구성원들 간에 공유되는 생활양식이나 가치로 조직구성원들의 사고와 행동에 영향을 미치며 일체감과 정체성을 부여하고 조직이 안정적으로 유지되게 한다. 최근 조직문화에 대한 중요성이 부각되면서 긍정적인 방향으로 조성하기 위한 경영층의 노력이 이루어지고 있다.

㉣ **조직의 규칙과 규정** : 조직의 목표나 전략에 따라 수립되어 조직구성원들의 활동범위를 제약하고 일관성을 부여하는 기능을 하는 것으로 인사규정, 총무규정, 회계규정 등이 있다. 특히 조직이 구성원들의 행동을 관리하기 위하여 규칙이나 절차에 의존하고 있는 공식화 정도에 따라 조직의 구조가 결정되기도 한다.

16 민츠버그는 경영자의 역할을 대인적, 정보적, 의사결정적 역할으로 구분하였다. 다음에 주어진 경영자의 역할을 올바르게 묶은 것은?

> ㉠ 조직의 대표자   ㉡ 변화전달
> ㉢ 정보전달자   ㉣ 조직의 리더
> ㉤ 문제 조정   ㉥ 외부환경 모니터
> ㉦ 대외적 협상 주도   ㉧ 상징자, 지도자
> ㉨ 분쟁조정자, 자원배분자   ㉩ 협상가

	대인적 역할	정보적 역할	의사결정적 역할
①	㉠㉢㉥	㉡㉣㉦㉧	㉤㉨㉩
②	㉡㉤㉧	㉠㉢㉨	㉣㉥㉦㉩
③	㉠㉢㉣㉧	㉡㉥㉦	㉤㉨㉩
④	㉠㉣㉧	㉡㉢㉥	㉤㉦㉨㉩
⑤	㉡㉤㉧	㉠㉢㉣	㉥㉦㉨㉩

✔ 해설 민츠버그의 경영자 역할

㉠ **대인적 역할** : 상징자 혹은 지도자로서 대외적으로 조직을 대표하고 대내적으로 조직을 이끄는 리더로서의 역할
㉡ **정보적 역할** : 조직을 둘러싼 외부 환경의 변화를 모니터링하고, 이를 조직에 전달하는 정보전달자로서의 역할
㉢ **의사결정적 역할** : 조직 내 문제를 해결하고 대외적 협상을 주도하는 협상가, 분쟁조정자, 자원배분자로서의 역할

17 다음에서 설명하고 있는 마케팅 기법을 일컫는 말로 적절한 것은?

- 소비자의 아이디어가 신제품 개발에 직접 관여
- 국내에서도 컴퓨터, 가구, 의류회사 등에서 공모 작품을 통해 적극적 수용
- 기업이 소비자의 아이디어를 수용해 고객만족을 최대화시키는 전략
- 앨빈 토플러 등 미래학자들이 예견한 상품 개발 주체에 관한 개념

---

① 프로슈머 마케팅
② 노이즈 마케팅
③ 코즈 마케팅
④ 플래그십 마케팅
⑤ 니치 마케팅

✔ **해설** 프로슈머 마케팅은 소비자가 단순히 제품이나 서비스를 구매하는 입장에 그치지 않고, 직접 제품 개발을 요구하거나 아이디어를 제공하는 등 생산에 영향을 미치는 적극적 소비자를 의미한다.
② 각종 이슈를 요란스럽게 치장해 구설수에 오르도록 하거나, 화젯거리를 만들어 소비자들의 이목을 집중시켜 인지도를 늘리는 마케팅
③ 상호 이익을 위하여 기업이나 브랜드를 사회적 명분이나 이슈에 전략적으로 연계시키는 것
④ 시장에서 성공을 거둔 특정 상품 브랜드를 중심으로 마케팅 활동을 집중하는 것
⑤ 이미 시장에 마니아들이 형성되어 있지만 대중적으로 사람들에게 널리 알려지지 않은 틈새를 이용하는 마케팅

18 다음 사례에서와 같은 조직 문화의 긍정적인 기능이라고 보기 어려운 것은 어느 것인가?

> 영업3팀은 팀원 모두가 야구광이다. 신 부장은 아들이 고교 야구선수라서 프로 선수를 꿈꾸는 아들을 위해 야구광이 되었다. 남 차장은 큰 딸이 프로야구 D팀의 한 선수를 너무 좋아하여 주말에 딸과 야구장을 가려면 자신부터 야구팬이 되지 않을 수 없다. 이 대리는 고등학교 때까지 야구 선수 생활을 했었고, 요즘 젊은 친구답지 않게 승현 씨는 야구를 게임보다 좋아한다. 영업3팀 직원들의 취향이 이렇다 보니 팀 여기저기엔 야구 관련 장식품들이 쉽게 눈에 띄고, 점심시간과 티타임에 나누는 대화는 온통 야구 이야기이다. 다른 부서에서는 우스갯소리로 야구를 좋아하지 않으면 아예 영업3팀 근처에 얼씬거릴 생각도 말라고 할 정도다.
>
> 부서 회식이나 단합대회를 야구장에서 하는 것은 물론이고 주말에도 식사 내기, 입장권 내기 등으로 직원들은 거의 매일 야구에 묻혀 산다. 영업3팀은 현재 인사처 자료에 의하면 사내에서 부서 이동률이 가장 낮은 조직이다.

① 구성원들에게 일체감과 정체성을 부여한다.
② 조직이 변해야 할 시기에 일치단결된 모습을 보여준다.
③ 조직의 몰입도를 높여준다.
④ 조직의 안정성을 가져온다.
⑤ 조직원들 간의 협동심을 높이고 갈등을 해소시킬 수 있다.

✔**해설** 조직문화는 조직의 방향을 결정하고 존속하게 하는데 중요한 요인이지만, 개성 있고 강한 조직 문화는 다양한 조직구성원들의 의견을 받아들일 수 없거나, 조직이 변화해야 할 시기에 장애요인으로 작용하기도 한다.

19 조직문화는 흔히 관계지향 문화, 혁신지향 문화, 위계지향 문화, 과업지향 문화의 네 가지로 분류된다. 다음 글에서 제시된 ㈎~㈐와 같은 특징 중 과업지향 문화에 해당하는 것은 어느 것인가?

㈎ A팀은 무엇보다 엄격한 통제를 통한 결속과 안정성을 추구하는 분위기이다. 분명한 명령계통으로 조직의 통합을 이루는 일을 제일의 가치로 삼는다.

㈏ B팀은 업무 수행의 효율성을 강조하며 목표 달성과 생산성 향상을 위해 전 조직원이 산출물 극대화를 위해 노력하는 문화가 조성되어 있다.

㈐ C팀은 자율성과 개인의 책임을 강조한다. 고유 업무 뿐 아니라 근태, 잔업, 퇴근 후 시간활용 등에 있어서도 정해진 흐름을 배제하고 개인의 자율과 그에 따른 책임을 강조한다.

㈑ D팀은 직원들 간의 응집력과 사기 진작을 위한 방안을 모색 중이다. 인적자원의 가치를 개발하기 위해 직원들 간의 관계에 초점을 둔 조직문화가 D팀의 특징이다.

㈒ E팀은 직원들에게 창의성과 기업가 정신을 강조한다. 또한, 조직의 유연성을 통해 외부 환경에의 적응력에 비중을 둔 조직문화를 가지고 있다.

① ㈎　　　　　　　　　　　　　　　② ㈏
③ ㈐　　　　　　　　　　　　　　　④ ㈑
⑤ ㈒

✔ **해설** 조직 문화의 분류와 그 특징은 다음과 같은 표로 정리될 수 있다. ㈏와 같이 개인의 자율성을 추구하는 경우는 조직 문화의 고유 기능과 거리가 멀다고 보아야 한다.

관계지향 문화	• 조직 내 가족적인 분위기의 창출과 유지에 가장 큰 역점을 둠 • 조직 구성원들의 소속감, 상호 신뢰, 인화/단결 및 팀워크, 참여 등이 이 문화유형의 핵심 가치로 자리 잡음
혁신지향 문화	• 조직의 유연성을 강조하는 동시에 외부 환경에의 적응성에 초점을 둠 • 따라서 이러한 적응과 조직성장을 뒷받침할 수 있는 적절한 자원획득이 중요하고, 구성원들의 창의성 및 기업가정신이 핵심 가치로 강조됨
위계지향 문화	• 조직 내부의 안정적이고 지속적인 통합/조정을 바탕으로 조직효율성을 추구함 • 이를 위해 분명한 위계질서와 명령계통, 그리고 공식적인 절차와 규칙을 중시하는 문화임
과업지향 문화	• 조직의 성과 달성과 과업 수행에 있어서의 효율성을 강조함 • 따라서 명확한 조직목표의 설정을 강조하며, 합리적 목표 달성을 위한 수단으로서 구성원들의 전문능력을 중시하며, 구성원들 간의 경쟁을 주요 자극제로 활용함

20 다음 '갑'사의 내부결재 규정을 참고할 때 '갑'사의 결재 및 문서의 등록 규정을 올바르게 이해하지 못한 것은?

제○○조(결재)
㉠ 기안한 문서는 결재권자의 결재를 받아야 효력이 발생한다.
㉡ 결재권자는 업무의 내용에 따라 이를 위임하여 전결하게 할 수 있으며, 이에 대한 세부사항은 따로 규정으로 정한다. 결재권자가 출장, 휴가, 기타의 사유로 상당한 기간 동안 부재중일 때에는 그 직무를 대행하는 자가 대결할 수 있되, 내용이 중요한 문서는 결재권자에게 사후에 보고(후열)하여야 한다.
㉢ 결재에는 완결, 전결, 대결이 있으며 용어에 대한 정의와 결재방법은 다음과 같다.
 • 완결은 기안자로부터 최종 결재권자에 이르기까지 관계자가 결재하는 것을 말한다.
 • 전결은 사장이 업무내용에 따라 각 부서장에게 결재권을 위임하여 결재하는 것을 말하며, 전결하는 경우에는 전결하는 자의 서명 란에 '전결' 표시를 하고 맨 오른쪽 서명 란에 서명하여야 한다.
 • 대결은 결재권자가 부재중일 때 그 직무를 대행하는 자가 하는 결재를 말하며, 대결하는 경우에는 대결하는 자의 서명 란에 '대결' 표시를 하고 맨 오른쪽 서명 란에 서명하여야 한다.

제○○조(문서의 등록)
㉠ 문서는 당해 마지막 문서에 대한 결재가 끝난 즉시 기재된 결재일자 순에 따라서 번호를 부여하고 처리과별로 문서등록대장에 등록하여야 한다. 동일한 날짜에 결재된 문서는 조직내부 원칙에 의해 우선순위 번호를 부여한다. 다만, 비치문서는 특별한 규정이 있을 경우를 제외하고는 그 종류별로 사장이 정하는 바에 따라 따로 등록할 수 있다.
㉡ 문서등록번호는 일자별 일련번호로 하고, 내부결재문서인 때에는 문서등록대장의 수신처란에 '내부결재' 표시를 하여야 한다.
㉢ 처리과는 당해 부서에서 기안한 모든 문서, 기안형식 외의 방법으로 작성하여 결재권자의 결재를 받은 문서, 기타 처리과의 장이 중요하다고 인정하는 문서를 ㉠의 규정에 의한 문서등록대장에 등록하여야 한다.
㉣ 기안용지에 의하여 작성하지 아니한 보고서 등의 문서는 그 문서의 표지 왼쪽 위의 여백에 부서기호, 보존기간, 결재일자 등의 문서등록 표시를 한 후 모든 내용을 문서등록대장에 등록하여야 한다.

① '대결'은 결재권자가 부재 중일 경우 직무대행자가 행하는 결재 방식이다.

② 최종 결재권자는 상황에 맞는 전결권자를 임의로 지정할 수 있다.

③ '전결'과 '대결'은 문서 양식상의 결재방식이 동일하다.

④ 문서등록대장은 매년 1회 과별로 새롭게 정리된다.

⑤ 기안문은 결재일자가 기재되며 그 일자에 따라 문서등록대장에 등록된다.

> ✔ 해설 '결재권자는 업무의 내용에 따라 이를 위임하여 전결하게 할 수 있다'고 규정되어 있으나, 동시에 '이에 대한 세부사항은 따로 규정으로 정한다.'고 명시되어 있다. 따라서 상황에 맞는 전결권자를 임의로 지정한다는 것은 규정에 부합하는 행위로 볼 수 없다.
>
> ③ 전결과 대결은 모두 실제 최종 결재를 하는 자의 원 결재란에 전결 또는 대결 표시를 하고 맨 오른쪽 결재란에 서명을 한다는 점에서 문서 양식상의 결재방식이 동일하다.

04 정보능력

1 정보화사회와 정보능력

(1) 정보와 정보화사회

① 자료 · 정보 · 지식

구분	특징
자료(Data)	객관적 실제의 반영이며, 그것을 전달할 수 있도록 기호화한 것
정보(Information)	자료를 특정한 목적과 문제해결에 도움이 되도록 가공한 것
지식(Knowledge)	정보를 집적하고 체계화하여 장래의 일반적인 사항에 대비해 보편성을 갖도록 한 것

② **정보화사회** : 필요로 하는 정보가 사회의 중심이 되는 사회

(2) 업무수행과 정보능력

① **컴퓨터의 활용 분야**

　　㉠ **기업 경영 분야에서의 활용** : 판매, 회계, 재무, 인사 및 조직관리, 금융 업무 등

　　㉡ **행정 분야에서의 활용** : 민원처리, 각종 행정 통계 등

　　㉢ **산업 분야에서의 활용** : 공장 자동화, 산업용 로봇, 판매시점관리시스템(POS) 등

　　㉣ **기타 분야에서의 활용** : 교육, 연구소, 출판, 가정, 도서관, 예술 분야 등

② **정보처리과정**

　　㉠ **정보 활용 절차** : 기획→수집→관리→활용

　　㉡ **5W2H** : 정보 활용의 전략적 기획

　　　• WHAT(무엇을?) : 정보의 입수대상을 명확히 한다.

　　　• WHERE(어디에서?) : 정보의 소스(정보원)를 파악한다.

　　　• WHEN(언제까지) : 정보의 요구(수집)시점을 고려한다.

　　　• WHY(왜?) : 정보의 필요목적을 염두에 둔다.

　　　• WHO(누가?) : 정보활동의 주체를 확정한다.

　　　• HOW(어떻게) : 정보의 수집방법을 검토한다.

　　　• HOW MUCH(얼마나?) : 정보수집의 비용성(효용성)을 중시한다.

5W2H는 정보를 전략적으로 수집·활용할 때 주로 사용하는 방법이다. 5W2H에 대한 설명으로 옳지 않은 것은?

① WHAT : 정보의 수집방법을 검토한다.
② WHERE : 정보의 소스(정보원)를 파악한다.
③ WHEN : 정보의 요구(수집)시점을 고려한다.
④ HOW : 정보의 수집방법을 검토한다.

방대한 정보들 중 꼭 필요한 정보와 수집 방법 등을 전략적으로 기획하고 정보수집이 이루어질 때 효과적인 정보수집이 가능해진다. 5W2H는 이러한 전략적 정보 활용 기획의 방법으로 그 개념을 이해하고 있는지를 묻는 질문이다.

5W2H의 'WHAT'은 정보의 입수대상을 명확히 하는 것이다. 정보의 수집방법을 검토하는 것은 HOW(어떻게)에 해당되는 내용이다.

답 ①

(3) 사이버공간에서 지켜야 할 예절

① 인터넷의 역기능
  ㉠ 불건전 정보의 유통
  ㉡ 개인 정보 유출
  ㉢ 사이버 성폭력
  ㉣ 사이버 언어폭력
  ㉤ 언어 훼손
  ㉥ 인터넷 중독
  ㉦ 불건전한 교제
  ㉧ 저작권 침해

② 네티켓(netiquette) : 네트워크(network) + 에티켓(etiquette)

(4) 정보의 유출에 따른 피해사례

① 개인정보의 종류
  ㉠ 일반 정보 : 이름, 주민등록번호, 운전면허정보, 주소, 전화번호, 생년월일, 출생지, 본적지, 성별, 국적 등
  ㉡ 가족 정보 : 가족의 이름, 직업, 생년월일, 주민등록번호, 출생지 등
  ㉢ 교육 및 훈련 정보 : 최종학력, 성적, 기술자격증/전문면허증, 이수훈련 프로그램, 서클 활동, 상벌사항, 성격/행태보고 등
  ㉣ 병역 정보 : 군번 및 계급, 제대유형, 주특기, 근무부대 등
  ㉤ 부동산 및 동산 정보 : 소유주택 및 토지, 자동차, 저축현황, 현금카드, 주식 및 채권, 수집품, 고가의 예술품 등
  ㉥ 소득 정보 : 연봉, 소득의 원천, 소득세 지불 현황 등
  ㉦ 기타 수익 정보 : 보험가입현황, 수익자, 회사의 판공비 등
  ㉧ 신용 정보 : 대부상황, 저당, 신용카드, 담보설정 여부 등
  ㉨ 고용 정보 : 고용주, 회사주소, 상관의 이름, 직무수행 평가 기록, 훈련기록, 상벌기록 등
  ㉩ 법적 정보 : 전과기록, 구속기록, 이혼기록 등
  ㉪ 의료 정보 : 가족병력기록, 과거 의료기록, 신체장애, 혈액형 등
  ㉫ 조직 정보 : 노조가입, 정당가입, 클럽회원, 종교단체 활동 등
  ㉬ 습관 및 취미 정보 : 흡연/음주량, 여가활동, 도박성향, 비디오 대여기록 등

② 개인정보 유출방지 방법
  ㉠ 회원 가입 시 이용 약관을 읽는다.
  ㉡ 이용 목적에 부합하는 정보를 요구하는지 확인한다.
  ㉢ 비밀번호는 정기적으로 교체한다.
  ㉣ 정체불명의 사이트는 멀리한다.
  ㉤ 가입 해지 시 정보 파기 여부를 확인한다.
  ㉥ 남들이 쉽게 유추할 수 있는 비밀번호는 자제한다.

(1) 컴퓨터활용능력

① 인터넷 서비스 활용

　㉠ 전자우편(E-mail) 서비스 : 정보 통신망을 이용하여 다른 사용자들과 편지나 여러 정보를 주고받는 통신 방법

　㉡ 인터넷 디스크/웹 하드 : 웹 서버에 대용량의 저장 기능을 갖추고 사용자가 개인용 컴퓨터의 하드디스크와 같은 기능을 인터넷을 통하여 이용할 수 있게 하는 서비스

　㉢ 메신저 : 인터넷에서 실시간으로 메시지와 데이터를 주고받을 수 있는 소프트웨어

　㉣ 전자상거래 : 인터넷을 통해 상품을 사고팔거나 재화나 용역을 거래하는 사이버 비즈니스

② 정보검색 : 여러 곳에 분산되어 있는 수많은 정보 중에서 특정 목적에 적합한 정보만을 신속하고 정확하게 찾아내어 수집, 분류, 축적하는 과정

　㉠ 검색엔진의 유형

　　• 키워드 검색 방식 : 찾고자 하는 정보와 관련된 핵심적인 언어인 키워드를 직접 입력하여 이를 검색 엔진에 보내어 검색 엔진이 키워드와 관련된 정보를 찾는 방식

　　• 주제별 검색 방식 : 인터넷상에 존재하는 웹 문서들을 주제별, 계층별로 정리하여 데이터베이스를 구축한 후 이용하는 방식

　　• 통합형 검색방식 : 사용자가 입력하는 검색어들이 연계된 다른 검색 엔진에게 보내고 이를 통하여 얻어진 검색 결과를 사용자에게 보여주는 방식

　㉡ 정보 검색 연산자

기호	연산자	검색조건
*, &	AND	두 단어가 모두 포함된 문서를 검색
|	OR	두 단어가 모두 포함되거나 두 단어 중에서 하나만 포함된 문서를 검색
-, !	NOT	'-' 기호나 '!' 기호 다음에 오는 단어는 포함하지 않는 문서를 검색
~, near	인접검색	앞/뒤의 단어가 가깝게 있는 문서를 검색

③ 소프트웨어의 활용

　㉠ 워드프로세서

　　• 특징 : 문서의 내용을 화면으로 확인하면서 쉽게 수정 가능, 문서 작성 후 인쇄 및 저장 가능, 글이나 그림의 입력 및 편집 가능

　　• 기능 : 입력기능, 표시기능, 저장기능, 편집기능, 인쇄기능 등

ⓛ 스프레드시트
  • 특징 : 쉽게 계산 수행, 계산 결과를 차트로 표시, 문서를 작성하고 편집 가능
  • 기능 : 계산, 수식, 차트, 저장, 편집, 인쇄기능 등

예제 2

귀하는 커피 전문점을 운영하고 있다. 아래와 같이 엑셀 워크시트로 4개 지점의 원두 구매 수량과 단가를 이용하여 금액을 산출하고 있다. 귀하가 다음 중 D3셀에서 사용하고 있는 함수식으로 옳은 것은? (단, 금액 = 수량 × 단가)

	A	B	C	D	E
1	지점	원두	수량(100g)	금액	
2	A	케냐	15	150000	
3	B	콜롬비아	25	175000	
4	C	케냐	30	300000	
5	D	브라질	35	210000	
6					
7		원두	100g당 단가		
8		케냐	10,000		
9		콜롬비아	7,000		
10		브라질	6,000		
11					

① =C3*VLOOKUP(B3, $B$8:$C$10, 1, 1)
② =B3*HLOOKUP(C3, $B$8:$C$10, 2, 0)
③ =C3*VLOOKUP(B3, $B$8:$C$10, 2, 0)
④ =C3*HLOOKUP($B$8:$C$10, 2, B3)

ⓒ 프레젠테이션
  • 특징 : 각종 정보를 사용자 또는 대상자에게 쉽게 전달
  • 기능 : 저장, 편집, 인쇄, 슬라이드 쇼 기능 등
ⓔ 유틸리티 프로그램 : 파일 압축 유틸리티, 바이러스 백신 프로그램

④ 데이터베이스의 필요성
  ㉠ 데이터의 중복을 줄인다.
  ㉡ 데이터의 무결성을 높인다.
  ㉢ 검색을 쉽게 해준다.
  ㉣ 데이터의 안정성을 높인다.
  ㉤ 개발기간을 단축한다.

(2) 정보처리능력

① 정보원 : 1차 자료는 원래의 연구성과가 기록된 자료이며, 2차 자료는 1차 자료를 효과적으로 찾아보기 위한 자료 또는 1차 자료에 포함되어 있는 정보를 압축·정리한 형태로 제공하는 자료이다.

　㉠ 1차 자료 : 단행본, 학술지와 논문, 학술회의자료, 연구보고서, 학위논문, 특허정보, 표준 및 규격자료, 레터, 출판 전 배포자료, 신문, 잡지, 웹 정보자원 등

　㉡ 2차 자료 : 사전, 백과사전, 편람, 연감, 서지데이터베이스 등

② 정보분석 및 가공

　㉠ 정보분석의 절차 : 분석과제의 발생 → 과제(요구)의 분석 → 조사항목의 선정 → 관련정보의 수집(기존자료 조사/신규자료 조사) → 수집정보의 분류 → 항목별 분석 → 종합·결론 → 활용·정리

　㉡ 가공 : 서열화 및 구조화

③ 정보관리

　㉠ 목록을 이용한 정보관리

　㉡ 색인을 이용한 정보관리

　㉢ 분류를 이용한 정보관리

예제 3

인사팀에서 근무하는 J씨는 회사가 성장함에 따라 직원 수가 급증하기 시작하면서 직원들의 정보관리 방법을 모색하던 중 다음과 같은 A사의 직원 정보관리 방법을 보게 되었다. J씨는 A사가 하고 있는 이 방법을 회사에도 도입하고자 한다. 이 방법은 무엇인가?

> A사의 인사부서에 근무하는 H씨는 직원들의 개인정보를 관리하는 업무를 담당하고 있다. A사에서 근무하는 직원은 수천 명에 달하기 때문에 H씨는 주요 키워드나 주제어를 가지고 직원들의 정보를 구분하여 관리하여, 찾을 때도 쉽고 내용을 수정할 때도 이전보다 훨씬 간편할 수 있도록 했다.

① 목록을 활용한 정보관리
② 색인을 활용한 정보관리
③ 분류를 활용한 정보관리
④ 1:1 매칭을 활용한 정보관리

출제의도

본 문항은 정보관리 방법의 개념을 이해하고 있는가를 묻는 문제이다.

해 설

주어진 자료의 A사에서 사용하는 정보관리는 주요 키워드나 주제어를 가지고 정보를 관리하는 방식인 색인을 활용한 정보관리이다. 디지털 파일에 색인을 저장할 경우 추가, 삭제, 변경 등이 쉽다는 점에서 정보관리에 효율적이다.

답 ②

정보능력

1 다음 중 아래 워크시트에서 참고표를 참고하여 55,000원에 해당하는 할인율을 [C6]셀에 구하고자 할 때의 적절한 함수식은?

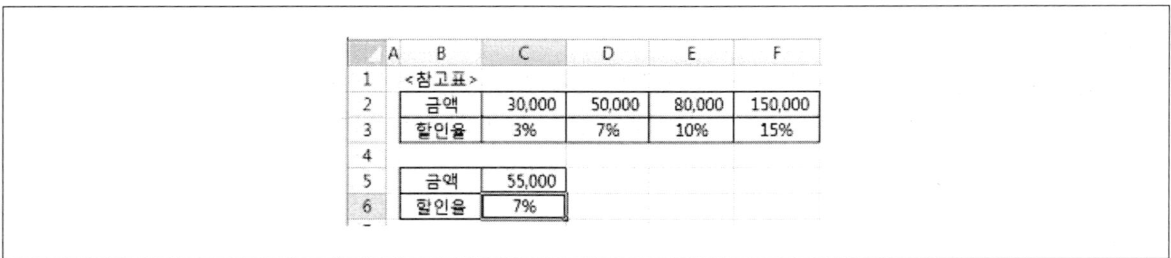

① =LOOKUP(C5,C2:F2,C3:F3)

② =HLOOKUP(C5,B2:F3,1)

③ =VLOOKUP(C5,C2:F3,1)

④ =VLOOKUP(C5,B2:F3,2)

⑤ =HLOOKUP(C5,C2:F3,)

> ✔ **해설** LOOKUP은 LOOKUP(찾는 값, 범위 1, 범위 2)로 작성하여 구한다.
> VLOOKUP은 범위에서 찾을 값에 해당하는 열을 찾은 후 열 번호에 해당하는 셀의 값을 구하며, HLOOKUP은 범위에서 찾을 값에 해당하는 행을 찾은 후 행 번호에 해당하는 셀의 값을 구한다.

2 다음 시트의 [D10]셀에서 =DCOUNT(A2:F7,4,A9:B10)을 입력했을 때 결과 값으로 옳은 것은?

	A	B	C	D	E	F
1	4차 산업혁명 주요 테마별 사업체당 종사자 수					
2		2021	2022	2023	2024	2025
3	자유주행	24.2	21.2	21.9	20.6	20
4	인공지능	22.6	17	19.2	18.7	18.7
5	빅데이터	21.8	17.5	18.9	17.8	18
6	드론	43.8	37.2	40.5	39.6	39.7
7	3D프린팅	25	18.6	21.8	22.7	22.6
8						
9	2021	2025				
10	<25	>19				

① 0   ② 1

③ 2   ④ 3

⑤ 4

✔해설 DCOUNT는 조건을 만족하는 개수를 구하는 함수로, [A2:F7]영역에서 '2021'(2021년도 종사자 수)가 25보다 작고 '2025'(2025년도 종사자 수)가 19보다 큰 레코드의 수는 1이 된다. 조건 영역은 [A9:B10]이 되며, 조건이 같은 행에 입력되어 있으므로 AND 조건이 된다.

3 다음 워크시트에서처럼 주민등록번호가 입력되어 있을 때, 이 셀의 값을 이용하여 [C1] 셀에 성별을 '남' 또는 '여'로 표시하고자 한다. [C1] 셀에 입력해야 하는 수식은? (단, 주민등록번호의 8번째 글자가 1이면 남자, 2이면 여자이다)

	A	B	C
1	임나라	870808-2235672	
2	정현수	850909-1358527	
3	김동하	841010-1010101	
4	노승진	900202-1369752	
5	은봉미	890303-2251547	
6			

① =CHOOSE(MID(B1,8,1), "여", "남")

② =CHOOSE(MID(B1,8,2), "남", "여")

③ =CHOOSE(MID(B1,8,1), "남", "여")

④ =IF(RIGHT(B1,8)="1", "남", "여")

⑤ =IF(RIGHT(B1,8)="2", "남", "여")

> **✓ 해설** MID(text, start_num, num_chars)는 텍스트에서 원하는 문자를 추출하는 함수이다. 주민등록번호가 입력된 [B1] 셀에서 8번째부터 1개의 문자를 추출하여 1이면 남자, 2면 여자라고 하였으므로 답은 ③이 된다.

4 ① #DIV/0! – 수식에서 어떤 값을 0으로 나누었을 때 표시되는 오류 메시지

② #N/A – 함수나 수식에 사용할 수 없는 데이터를 사용했을 경우 발생하는 오류 메시지

③ #NULL! – 잘못된 인수나 피연산자를 사용했을 경우 발생하는 오류 메시지

④ #NUM! – 수식이나 함수에 잘못된 숫자 값이 포함되어 있을 경우 발생하는 오류 메시지

⑤ #REF! – 셀 참조가 유효하지 않을 경우 발생하는 오류 메시지

> **✓ 해설** '#NULL!'은 교차하지 않은 두 영역의 교차점을 참조 영역으로 지정하였을 경우 발생하는 오류 메시지이며, 잘못된 인수나 피연산자를 사용했을 경우 발생하는 오류 메시지는 '#VALUE!'이다.

▌5~6▐ 다음은 W사의 부서별 업무량에 관한 자료이다. 이 자료를 토대로 성과급을 지급한다고 했을 때 이어지는 물음에 답하시오.

소속부서	이름	직위	업무량	업무량 비율
교육기획	정건주	사원	615	4.3%
교육운영	민서연	대리	950	6.6%
교육운영	도민준	사원	841	5.8%
문화행정	양승엽	과장	672	4.7%
재무회계	윤승희	과장	1,272	8.8%
총무	정민철	대리	891	6.2%
홍보마케팅	태공실	사원	1,581	11.0%
총무	기도훈	사원	1,560	10.8%
사무행정	한민준	과장	995	6.9%
교육기획	김두준	대리	1,254	8.7%
홍보마케팅	이은지	사원	876	6.1%
경비청소	박민지	과장	1,134	7.9%
사무행정	김지훈	대리	911	6.3%
행사기획	윤혜린	과장	873	6.1%

※ 성과급 지급 기준 : 업무량 1,000 이상인 자

5 다음은 성과급 지급 대상자의 명단으로 옳은 것은?

① 박민지, 기도훈, 태공실, 김지훈, 민서연
② 김두준, 한민준, 윤승희, 정민철, 박민지
③ 기도훈, 박민지, 양승엽, 태공실, 윤승희
④ 이은지, 김두준, 박민지, 윤승희, 박민지
⑤ 기도훈, 박민지, 태공실, 윤승희, 김두준

✔해설 성과급 지급 대상자는 다음과 같다. 윤승희, 태공실, 기도훈, 김두준, 박민지

 성과급 지급 기준이 다음과 같다면 성과급을 지급 대상인 직원은 누구인가?

업무량 7% 이상인 직급이 대리인 직원

① 기도훈 ② 윤승희

③ 태공실 ④ 김두준

⑤ 정건주

> ✔ **해설** 업무량 7% 이상인 직급이 대리인 직원은 태공실과 김두준이다.

7 다음은 H회사의 승진후보들의 1차 고과 점수 및 승진시험 점수이다. "생산부 사원"의 승진시험 점수의 평균을 알기 위해 사용해야 하는 함수는 무엇인가?

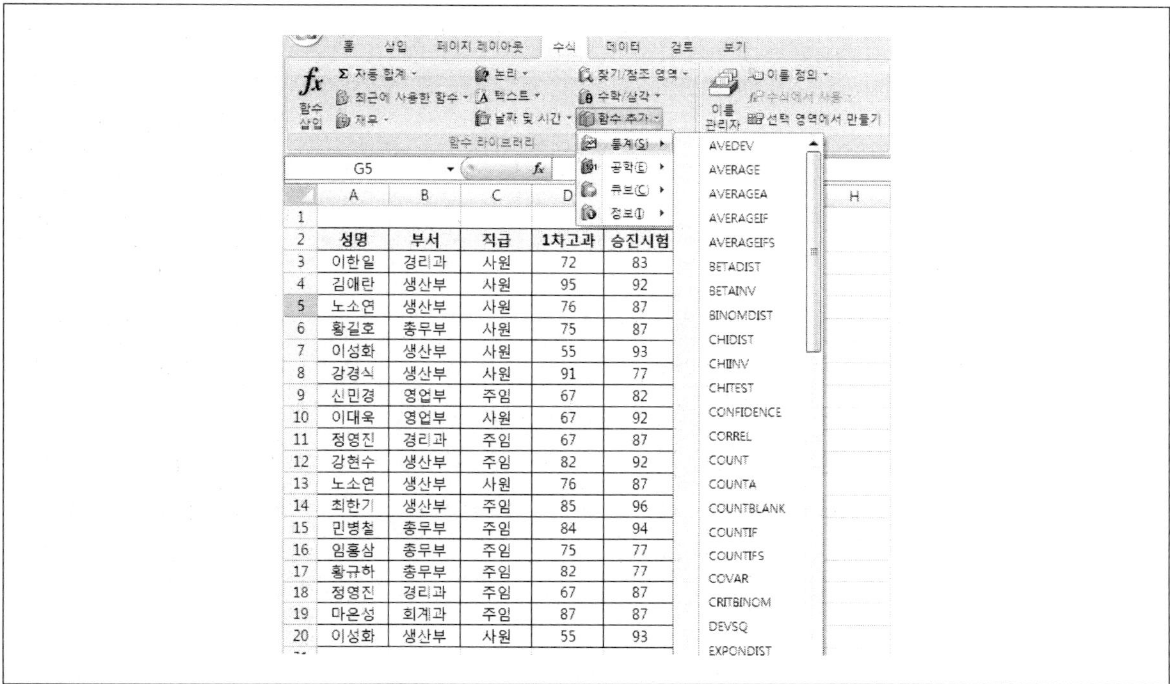

① AVERAGE   ② AVERAGEA

③ AVERAGEIF   ④ AVERAGEIFS

⑤ COUNTIF

> **해설** 구하고자 하는 값은 "생산부 사원"의 승진시험 점수의 평균이다. 주어진 조건에 따른 평균값을 구하는 함수는 AVERAGEIF와 AVERAGEIFS인데 조건이 1개인 경우에는 AVERAGEIF, 조건이 2개 이상인 경우에는 AVERAGEIFS를 사용한다.
>
> [=AVERAGEIFS(E3:E20, B3:B20, "생산부", C3:C20, "사원")]

SE-11-KOR-3A-2312	CH-08-CHA-2C-2108	SE-07-KOR-2C-2303
CO-14-IND-2A-2311	JE-28-KOR-1C-2308	TE-11-IND-2A-2211
CH-19-IND-1C-2101	SE-01-KOR-3B-2211	CH-26-KOR-1C-2107
NA-17-PHI-2B-2205	AI-12-PHI-1A-2302	NA-16-IND-1B-2111
JE-24-PHI-2C-2201	TE-02-PHI-2C-2303	SE-08-KOR-2B-2307
CO-14-PHI-3C-2308	CO-31-PHI-1A-2301	AI-22-IND-2A-2303
TE-17-CHA-1B-2301	JE-17-KOR-1C-2306	JE-18-IND-1C-2304
NA-05-CHA-3A-2211	SE-18-KOR-1A-2303	CO-20-KOR-1C-2302
AI-07-KOR-2A-2301	TE-12-IND-1A-2311	AI-19-IND-1A-2303
SE-17-KOR-1B-2302	CO-09-CHA-3C-2304	CH-28-KOR-1C-2108
TE-18-IND-1C-2310	JE-19-PHI-2B-2207	SE-16-KOR-2C-2305
CO-19-CHA-3A-2309	NA-06-KOR-2A-2201	AI-10-KOR-1A-2309

〈코드 부여 방식〉

[제품 종류]-[모델 번호]-[생산 국가]-[공장과 라인]-[제조연월]

〈예시〉

TE-13-CHA-2C-2301

2023년 1월에 중국 2공장 C라인에서 생산된 텔레비전 13번 모델

제품 종류 코드	제품 종류	생산 국가 코드	생산 국가
SE	세탁기	CHA	중국
TE	텔레비전	KOR	한국
CO	컴퓨터	IND	인도네시아
NA	냉장고	PHI	필리핀
AI	에어컨		
JE	전자레인지		
GA	가습기		
CH	청소기		

8 위의 코드 부여 방식을 참고할 때 옳지 않은 내용은?

① 창고에 있는 기기 중 세탁기는 모두 한국에서 제조된 것들이다.

② 창고에 있는 기기 중 컴퓨터는 모두 2023년에 제조된 것들이다.

③ 창고에 있는 기기 중 청소기는 있지만 가습기는 없다.

④ 창고에 있는 기기 중 2021년에 제조된 것은 청소기 뿐이다.

⑤ 창고에 텔레비전은 5대가 있다.

✔ 해설 　NA−16−IND−1B−2111가 있으므로 2021년에 제조된 냉장고도 창고에 있다.

9 J회사에 다니는 Y씨는 가전제품 코드 목록을 파일로 불러와 검색을 하고자 한다. 검색의 결과로 옳지 않은 것은?

① 창고에 있는 세탁기가 몇 개인지 알기 위해 'SE'를 검색한 결과 7개임을 알았다.

② 창고에 있는 기기 중 인도네시아에서 제조된 제품이 몇 개인지 알기 위해 'IND'를 검색한 결과 10개임을 알았다.

③ 모델 번호가 19번인 제품을 알기 위해 '19'를 검색한 결과 4개임을 알았다.

④ 1공장 A라인에서 제조된 제품을 알기 위해 '1A'를 검색한 결과 6개임을 알았다.

⑤ 2023년 1월에 제조된 제품을 알기 위해 '2301'를 검색한 결과 3개임을 알았다.

✔ 해설 　② 인도네시아에서 제조된 제품은 9개이다.

10 2025년 4월에 한국 1공장 A라인에서 생산된 에어컨 12번 모델의 코드로 옳은 것은?

① AI − 12 − KOR − 2A − 1704

② AI − 12 − KOR − 1A −1704

③ AI − 11 − PHI − 1A − 1704

④ CH − 12 − KOR − 1A − 1704

⑤ CH − 11 − KOR − 3A − 1705

✔ 해설 　[제품 종류] − [모델 번호] − [생산 국가] − [공장과 라인] − [제조연월]
　　　　　AI(에어컨) − 12 − KOR − 1A −251704

Answer 　8.④　9.②　10.②

11 다음 알고리즘에서 결과로 23이 인쇄되었다면 (가)에 들어갈 수식으로 알맞은 것은?

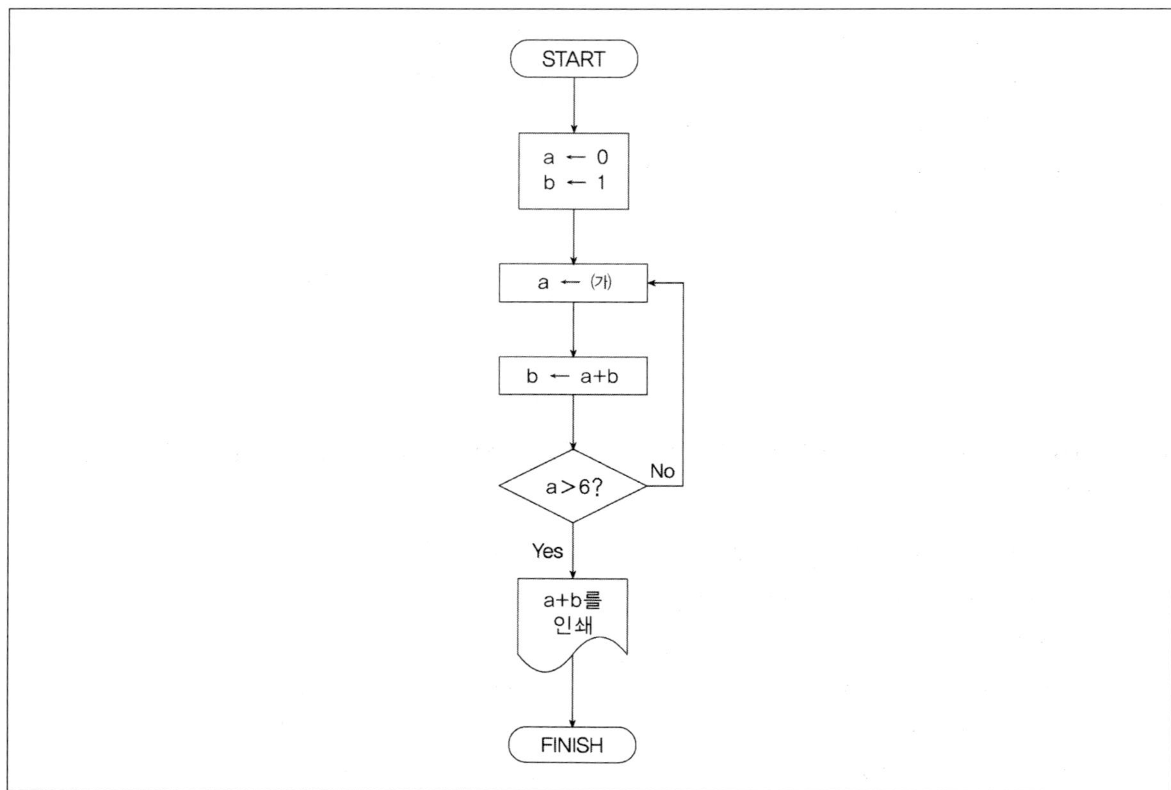

① a+2

② a+b

③ b+1

④ 3b−2

⑤ a+b−1

✔ **해설** a=0, b=1→1
a=1+1=2, b=2+1=3→5
a=3+1=4, b=4+3=7→11
a=7+1=8, b=7+8=15→23

12 다음의 알고리즘에서 인쇄되는 A는?

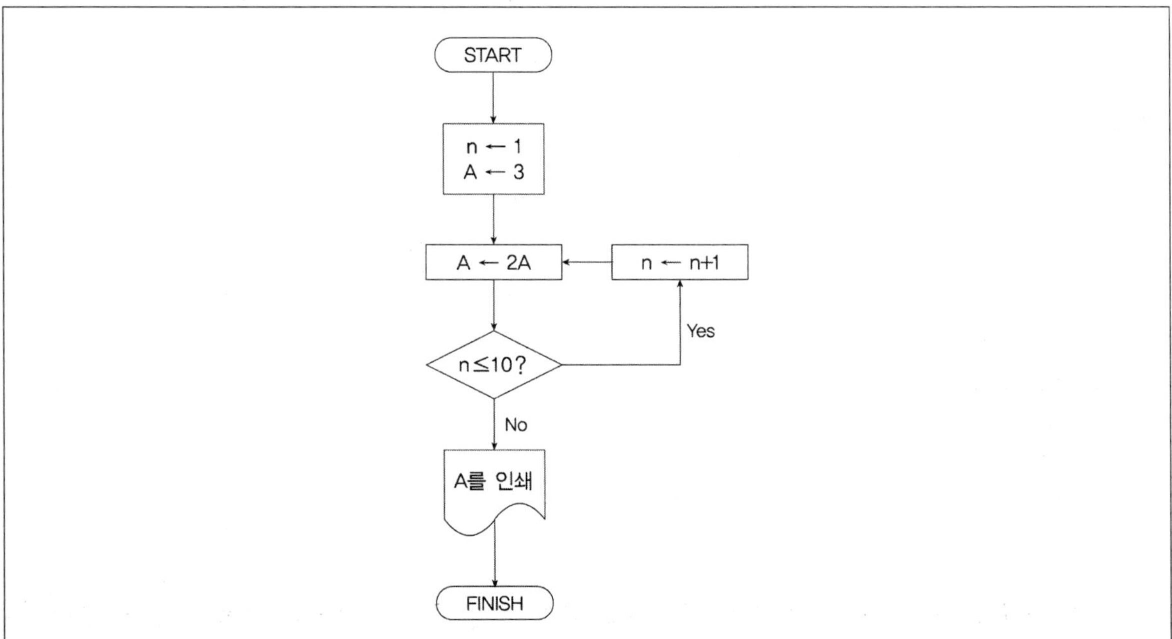

① $2^8 \cdot 3$

② $2^9 \cdot 3$

③ $2^{10} \cdot 3$

④ $2^{11} \cdot 3$

⑤ $2^{12} \cdot 3$

> ✔ **해설** $n=1$, $A=3$
> $n=1$, $A=2 \cdot 3$
> $n=2$, $A=2^2 \cdot 3$
> $n=3$, $A=2^3 \cdot 3$
> …
> $n=11$, $A=2^{11} \cdot 3$
> ∴ 출력되는 A의 값은 $2^{11} \cdot 3$이다.

13 다음 제시된 트리를 전위 순회했을 때의 출력 결과는?

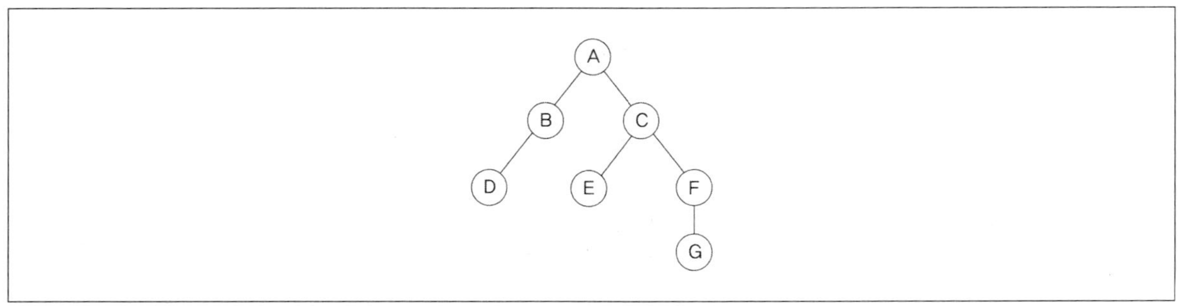

① ABCDEFG   ② ABDCEFG

③ DBAECFG   ④ DBACEFG

⑤ GFCEABD

> **✔ 해설** 전위 순회 방식 … 노드 방문→왼쪽 서브트리 방문→오른쪽 서브트리 방문

14 다음 워크시트에서 영업2부의 보험실적 합계를 구하고자 할 때, [G2] 셀에 입력할 수식으로 옳은 것은?

	A	B	C	D	E	F	G
1	성명	부서	성별	보험실적		부서	보험실적 합계
2	윤진주	영업1부	여	13		영업2부	
3	임성민	영업2부	남	12			
4	김옥순	영업1부	여	15			
5	김은지	영업3부	여	20			
6	최준오	영업2부	남	8			
7	윤한성	영업3부	남	9			
8	하은영	영업2부	여	11			
9	남영호	영업1부	남	17			

① =DSUM(A1:D9,3,F1:F2)

② =DSUM(A1:D9,"보험실적",F1:F2)

③ =DSUM(A1:D9,"보험실적",F1:F3)

④ =SUM(A1:D9,"보험실적",F1:F2)

⑤ =SUM(A1:D9,4,F1:F2)

> **✔ 해설** DSUM(데이터베이스, 필드, 조건 범위) 함수는 조건에 부합하는 데이터를 합하는 수식이다. 데이터베이스는 전체 범위를 설정하며, 필드는 보험실적 합계를 구하는 것이므로 "보험실적"으로 입력하거나 열 번호 4를 써야 한다. 조건 범위는 영업2부에 한정하므로 F1:F2를 써준다.

15 다음 중 아래 시트에서 야근일수를 구하기 위해 [B9] 셀에 입력할 수식으로 옳은 것은?

	A	B	C	D	E
1			4월 야근 현황		
2	날짜	도준영	전아롱	이진주	강석현
3	4월15일		V		V
4	4월16일	V		V	
5	4월17일	V	V	V	
6	4월18일		V	V	V
7	4월19일	V		V	
8	4월20일	V			
9	야근일수				
10					

① =COUNTBLANK(B3:B8) ② =COUNT(B3:B8)

③ =COUNTA(B3:B8) ④ =SUM(B3:B8)

⑤ =AVERAGEA(B3:B8)

✔ **해설** COUNTBLANK 함수는 비어있는 셀의 개수를 세어준다. COUNT 함수는 숫자가 입력된 셀의 개수를 세어주는 반면 COUNTA 함수는 숫자는 물론 문자가 입력된 셀의 개수를 세어준다. 즉, 비어있지 않은 셀의 개수를 세어주기 때문에 이 문제에서는 COUNTA 함수를 사용해야 한다.

16 다음 워크시트에서 [A2] 셀 값을 소수점 첫째 자리에서 반올림하여 [B2] 셀에 나타내도록 하고자 한다. [B2] 셀에 알맞은 함수식은?

	A	B
1	숫자	반올림한 값
2	987.9	
3	247.6	
4	864.4	
5	69.3	
6	149.5	
7	75.9	

① ROUND(A2, −1)

② ROUND(A2, 0)

③ ROUNDDOWN(A2, 0)

④ ROUNDUP(A2, −1)

⑤ ROUND(A3, 0)

✔ 해설 ROUND(number, num_digits)는 반올림하는 함수이며, ROUNDUP은 올림, ROUNDDOWN은 내림하는 함수이다. ROUND(number, num_digits)에서 number는 반올림하려는 숫자를 나타내며, num_digits는 반올림할 때 자릿수를 지정한다. 이 값이 0이면 소수점 첫째자리에서 반올림하고 −1이면 일의자리 수에서 반올림한다. 따라서 주어진 문제는 소수점 첫째자리에서 반올림하는 것이므로 ②가 답이 된다.

선택정렬(Selection sort)는 주어진 데이터 중 최솟값을 찾고 최솟값을 정렬되지 않은 데이터 중 맨 앞에 위치한 값과 교환한다. 교환은 두 개의 숫자가 서로 자리를 맞바꾸는 것을 말한다. 정렬된 데이터를 제외한 나머지 데이터를 같은 방법으로 교환하여 반복하면 정렬이 완료된다.

〈예시〉

68, 11, 3, 82, 7을 정렬하려고 한다.

• 1회전 (최솟값 3을 찾아 맨 앞에 위치한 68과 교환)

68	11	3	82	7

3	11	68	82	7

• 2회전 (정렬이 된 3을 제외한 데이터 중 최솟값 7을 찾아 11과 교환)

3	11	68	82	7

3	7	68	82	11

• 3회전 (정렬이 된 3, 7을 제외한 데이터 중 최솟값 11을 찾아 68과 교환)

3	7	68	82	11

3	7	11	82	68

• 4회전 (정렬이 된 3, 7, 11을 제외한 데이터 중 최솟값 68을 찾아 82와 교환)

3	7	11	82	68

3	7	11	68	82

17 다음 수를 선택정렬을 이용하여 오름차순으로 정렬하려고 한다. 2회전의 결과는?

5, 3, 8, 1, 2

① 1, 2, 8, 5, 3　　　　　　　　　② 1, 2, 5, 3, 8

③ 1, 2, 3, 5, 8　　　　　　　　　④ 1, 2, 3, 8, 5

⑤ 1, 2, 8, 3, 5

✔ 해설　㉠ 1회전

5	3	8	1	2

1	3	8	5	2

㉡ 2회전

1	3	8	5	2

1	2	8	5	3

18 다음 수를 선택정렬을 이용하여 오름차순으로 정렬하려고 한다. 3회전의 결과는?

55, 11, 66, 77, 22

① 11, 22, 66, 55, 77

② 11, 55, 66, 77, 22

③ 11, 22, 66, 77, 55

④ 11, 22, 55, 77, 66

⑤ 11, 22, 55, 66, 77

해설 ㉠ 1회전

55	11	66	77	22

11	55	66	77	22

㉡ 2회전

11	55	66	77	22

11	22	66	77	55

㉢ 3회전

11	22	66	77	55

11	22	55	77	66

【19~20】 다음은 시스템 모니터링 중에 나타난 화면이다. 다음 화면에 나타나는 정보를 이해하고 시스템 상태를 파악하여 적절한 input code를 고르시오.

〈시스템 화면〉

System is checking........
Run.....

Error Found!
Index GTEMSHFCBA of file WODRTSUEAI

input code : __________

항목	세부사항
index '__' of file '__'	• 오류 문자 : Index 뒤에 나타나는 10개의 문자 • 오류 발생 위치 : file 뒤에 나타나는 10개의 문자
Error Value	오류 문자와 오류 발생 위치를 의미하는 문자에 사용된 알파벳을 비교하여 일치하는 알파벳의 개수를 확인(단, 알파벳의 위치와 순서는 고려하지 않으며 동일한 알파벳이 속해 있는지만 확인한다.)
input code	Error Value를 통하여 시스템 상태를 판단

판단 기준	시스템 상태	input code
일치하는 알파벳의 개수가 0개인 경우	안전	safe
일치하는 알파벳의 개수가 1~3개인 경우	경계	alert
일치하는 알파벳의 개수가 4~6개인 경우		vigilant
일치하는 알파벳의 개수가 7~9개인 경우	위험	danger
일치하는 알파벳의 개수가 10개인 경우	복구 불능	unrecoverable

19

〈시스템 화면〉

System is checking........

Run.....

Error Found!

Index DRHIZGJUMY of file OPAULMBCEX

input code : ___________

① safe　　　　　　　　　　　　② alert

③ vigilant　　　　　　　　　　④ danger

⑤ unrecoverable

해설 알파벳 중 U, M 2개가 일치하기 때문에 시스템 상태는 경계 수준이며, input code는 alert이다.

20

〈시스템 화면〉

System is checking........

Run.....

Error Found!

Index QWERTYUIOP of file POQWIUERTY

input code : ___________

① safe　　　　　　　　　　　　② alert

③ vigilant　　　　　　　　　　④ danger

⑤ unrecoverable

해설 10개의 알파벳이 모두 일치하기 때문에 시스템 상태는 복구 불능 수준이며, input code는 unrecoverable이다.

Answer 19.② 20.⑤

1 자원과 자원관리

(1) 자원

① **자원의 종류** … 시간, 돈, 물적자원, 인적자원

② **자원의 낭비요인** … 비계획적 행동, 편리성 추구, 자원에 대한 인식 부재, 노하우 부족

(2) 자원관리 기본 과정

① 필요한 자원의 종류와 양 확인

② 이용 가능한 자원 수집하기

③ 자원 활용 계획 세우기

④ 계획대로 수행하기

예제 1

당신은 A출판사 교육훈련 담당자이다. 조직의 효율성을 높이기 위해 전사적인 시간관리에 대한 교육을 실시하기로 하였지만 바쁜 일정 상 직원들을 집합교육에 동원할 수 있는 시간은 제한적이다. 다음 중 귀하가 최우선의 교육 대상으로 삼아야 하는 것은 어느 부분인가?

구분	긴급한 일	긴급하지 않은 일
중요한 일	제1사분면	제2사분면
중요하지 않은 일	제3사분면	제4사분면

출제의도

주어진 일들을 중요도와 긴급도에 따른 시간관리 매트릭스에서 우선순위를 구분할 수 있는가를 측정하는 문항이다.

해 설

교육훈련에서 최우선 교육대상으로 삼아야 하는 것은 긴급하지 않지만 중요한 일이다. 이를 긴급하지 않다고 해서 뒤로 미루다보면 급박하게 처리해야하는 업무가 증가하여 효율적인 시간관리가 어려워진다.

① 중요하고 긴급한 일로 위기사항이나 급박한 문제, 기간이 정해진 프로젝트 등이 해당되는 제1사분면

② 긴급하지는 않지만 중요한 일로 인간관계구축이나 새로운 기회의 발굴, 중장기 계획 등이 포함되는 제2사분면

③ 긴급하지만 중요하지 않은 일로 잠깐의 급한 질문, 일부 보고서, 눈 앞의 급박한 사항이 해당되는 제3사분면

④ 중요하지 않고 긴급하지 않은 일로 하찮은 일이나 시간낭비거리, 즐거운 활동 등이 포함되는 제4사분면

구분	긴급한 일	긴급하지 않은 일
중요한 일	위기사항, 급박한 문제, 기간이 정해진 프로젝트	인간관계구축, 새로운 기회의 발굴, 중장기계획
중요 하지 않은 일	잠깐의 급한 질문, 일부 보고서, 눈앞의 급박한 사항	하찮은 일, 우편물, 전화, 시간낭비거리, 즐거운 활동

달 ②

2 자원관리능력을 구성하는 하위능력

(1) 시간관리능력

① 시간의 특성

　㉠ 시간은 매일 주어지는 기적이다.

　㉡ 시간은 똑같은 속도로 흐른다.

　㉢ 시간의 흐름은 멈추게 할 수 없다.

　㉣ 시간은 꾸거나 저축할 수 없다.

　㉤ 시간은 사용하기에 따라 가치가 달라진다.

② 시간관리의 효과

　㉠ 생산성 향상

　㉡ 가격 인상

　㉢ 위험 감소

　㉣ 시장 점유율 증가

③ 시간계획

　㉠ 개념 : 시간 자원을 최대한 활용하기 위하여 가장 많이 반복되는 일에 가장 많은 시간을 분배하고, 최단 시간에 최선의 목표를 달성하는 것을 의미한다.

　㉡ 60 : 40의 Rule

계획된 행동(60%)	계획 외의 행동(20%)	자발적 행동(20%)
총 시간		

유아용품 홍보팀의 사원 은이씨는 일산 킨텍스에서 열리는 유아용품박람회에 참여하고자 한다. 당일 회의 후 출발해야 하며 회의 종료 시간은 오후 3시이다.

장소	일시
일산 킨텍스 제2전시장	2016. 1. 20(금) PM 15:00~19:00 * 입장가능시간은 종료 2시간 전까지

오시는 길

지하철 : 4호선 대화역(도보 30분 거리)

버스 : 8109번, 8407번(도보 5분 거리)

• 회사에서 버스정류장 및 지하철역까지 소요시간

출발지	도착지	소요시간	
회사	×× 정류장	도보	15분
		택시	5분
	지하철역	도보	30분
		택시	10분

• 일산 킨텍스 가는 길

교통편	출발지	도착지	소요시간
지하철	강남역	대화역	1시간 25분
버스	×× 정류장	일산 킨텍스 정류장	1시간 45분

위의 제시 상황을 보고 은이씨가 선택할 교통편으로 가장 적절한 것은?

① 도보 – 지하철 ② 도보 – 버스

③ 택시 – 지하철 ④ 택시 – 버스

주어진 여러 시간정보를 수집하여 실제 업무 상황에서 시간자원을 어떻게 활용할 것인지 계획하고 할당하는 능력을 측정하는 문항이다.

해 설

④ 택시로 버스정류장까지 이동해서 버스를 타고 가게 되면 택시(5분), 버스(1시간 45분), 도보(5분)으로 1시간 55분이 걸린다.

① 도보–지하철 : 도보(30분), 지하철(1시간 25분), 도보(30분)이므로 총 2시간 25분이 걸린다.

② 도보–버스 : 도보(15분), 버스(1시간 45분), 도보(5분)이므로 총 2시간 5분이 걸린다.

③ 택시–지하철 : 택시(10분), 지하철(1시간 25분), 도보(30분)이므로 총 2시간 5분이 걸린다.

답 ④

(2) 예산관리능력

① 예산과 예산관리

ㄱ 예산 : 필요한 비용을 미리 헤아려 계산하는 것이나 그 비용

ㄴ 예산관리 : 활동이나 사업에 소요되는 비용을 산정하고, 예산을 편성하는 것뿐만 아니라 예산을 통제하는 것 모두를 포함한다.

② 예산의 구성요소

비용	직접비용	재료비, 원료와 장비, 시설비, 여행(출장) 및 잡비, 인건비 등
	간접비용	보험료, 건물관리비, 광고비, 통신비, 사무비품비, 각종 공과금 등

③ 예산수립 과정 : 필요한 과업 및 활동 구명 → 우선순위 결정 → 예산 배정

당신은 가을 체육대회에서 총무를 맡으라는 지시를 받았다. 다음과 같은 계획에 따라 예산을 진행하였으나 확보된 예산이 생각보다 적게 되어 불가피하게 비용항목을 줄여야 한다. 다음 중 귀하가 비용 항목을 없애기에 가장 적절한 것은 무엇인가?

〈○○산업공단 춘계 1차 워크숍〉

1. 해당부서 : 인사관리팀, 영업팀, 재무팀
2. 일   정 : 2016년 4월 21일~23일(2박 3일)
3. 장   소 : 강원도 속초 ○○연수원
4. 행사내용 : 바다열차탑승, 체육대회, 친교의 밤 행사, 기타

① 숙박비 ② 식비
③ 교통비 ④ 기념품비

업무에 소요되는 예산 중 꼭 필요한 것과 예산을 감축해야할 때 삭제 또는 감축이 가능한 것을 구분해내는 능력을 묻는 문항이다.

한정된 예산을 가지고 과업을 수행할 때에는 중요도를 기준으로 예산을 사용한다. 위와 같이 불가피하게 비용 항목을 줄여야 한다면 기본적인 항목인 숙박비, 식비, 교통비는 유지되어야 하기에 항목을 없애기 가장 적절한 정답은 ④번이 된다.

답 ④

(3) 물적관리능력

① **물적자원의 종류**
  ㉠ **자연자원** : 자연상태 그대로의 자원 ex) 석탄, 석유 등
  ㉡ **인공자원** : 인위적으로 가공한 자원 ex) 시설, 장비 등

② **물적자원관리** … 물적자원을 효과적으로 관리할 경우 경쟁력 향상이 향상되어 과제 및 사업의 성공으로 이어지며, 관리가 부족할 경우 경제적 손실로 인해 과제 및 사업의 실패 가능성이 커진다.

③ **물적자원 활용의 방해요인**
  ㉠ 보관 장소의 파악 문제
  ㉡ 훼손
  ㉢ 분실

④ **물적자원관리 과정**

과정	내용
사용 물품과 보관 물품의 구분	• 반복 작업 방지 • 물품활용의 편리성
동일 및 유사 물품으로의 분류	• 동일성의 원칙 • 유사성의 원칙
물품 특성에 맞는 보관 장소 선정	• 물품의 형상 • 물품의 소재

S호텔의 외식사업부 소속인 K씨는 예약일정 관리를 담당하고 있다. 아래의 예약일정과 정보를 보고 K씨의 판단으로 옳지 않은 것은?

〈S호텔 일식 뷔페 1월 ROOM 예약 일정〉

* 예약 : ROOM 이름(시작시간)

SUN	MON	TUE	WED	THU	FRI	SAT
					1	2
					백합(16)	장미(11) 백합(15)
3	4	5	6	7	8	9
라일락(15)	백향목(10) 백합(15)	장미(10) 백향목(17)	백합(11) 라일락(18)	백향목(15)	장미(10) 라일락(15)

ROOM 구분	수용가능인원	최소투입인력	연회장 이용시간
백합	20	3	2시간
장미	30	5	3시간
라일락	25	4	2시간
백향목	40	8	3시간

- 오후 9시에 모든 업무를 종료함
- 한 타임 끝난 후 1시간씩 세팅 및 정리
- 동 시간 대 서빙 투입인력은 총 10명을 넘을 수 없음

안녕하세요. 1월 첫째 주 또는 둘째 주에 신년회 행사를 위해 ROOM을 예약하려고 하는데요. 저희 동호회의 총 인원은 27명이고 오후 8시쯤 마무리하려고 합니다. 신정과 주말, 월요일은 피하고 싶습니다. 예약이 가능할까요?

① 인원을 고려했을 때 장미ROOM과 백향목ROOM이 적합하겠군.
② 만약 2명이 안 온다면 예약 가능한 ROOM이 늘어나겠구나.
③ 조건을 고려했을 때 예약 가능한 ROOM은 5일 장미ROOM뿐이겠구나.
④ 오후 5시부터 8시까지 가능한 ROOM을 찾아야해.

주어진 정보와 일정표를 토대로 이용 가능한 물적자원을 확보하여 이를 정확하게 안내할 수 있는 능력을 측정하는 문항이다. 고객이 제공한 정보를 정확하게 파악하고 그 조건 안에서 가능한 자원을 제공할 수 있어야 한다.

해 설

③ 조건을 고려했을 때 5일 장미ROOM과 7일 장미ROOM이 예약 가능하다.
① 참석 인원이 27명이므로 30명 수용 가능한 장미ROOM과 40명 수용 가능한 백향목ROOM 두 곳이 적합하다.
② 만약 2명이 안 온다면 총 참석인원 25명이므로 라일락ROOM, 장미ROOM, 백향목ROOM이 예약 가능하다.
④ 오후 8시에 마무리하려고 계획하고 있으므로 적절하다.

답 ③

(4) 인적자원관리능력

① **인맥** … 가족, 친구, 직장동료 등 자신과 직접적인 관계에 있는 사람들인 핵심인맥과 핵심인맥들로부터 알게 된 파생인맥이 존재한다.

② **인적자원의 특성** … 능동성, 개발가능성, 전략적 자원

③ **인력배치의 원칙**
　㉠ **적재적소주의** : 팀의 효율성을 높이기 위해 팀원의 능력이나 성격 등과 가장 적합한 위치에 배치하여 팀원 개개인의 능력을 최대로 발휘해 줄 것을 기대하는 것
　㉡ **능력주의** : 개인에게 능력을 발휘할 수 있는 기회와 장소를 부여하고 그 성과를 바르게 평가하며 평가된 능력과 실적에 대해 그에 상응하는 보상을 주는 원칙
　㉢ **균형주의** : 모든 팀원에 대한 적재적소를 고려

④ **인력배치의 유형**
　㉠ **양적 배치** : 부문의 작업량과 조업도, 여유 또는 부족 인원을 감안하여 소요인원을 결정하여 배치하는 것
　㉡ **질적 배치** : 적재적소의 배치
　㉢ **적성 배치** : 팀원의 적성 및 흥미에 따라 배치하는 것

예제 5

최근 조직개편 및 연봉협상 과정에서 직원들의 불만이 높아지고 있다. 온갖 루머가 난무한 가운데 인사팀원인 당신에게 사내 게시판의 직원 불만사항에 대한 진위여부를 파악하고 대안을 세우라는 팀장의 지시를 받았다. 다음 중 당신이 조치를 취해야 하는 직원은 누구인가?

① 사원 A는 팀장으로부터 업무 성과가 탁월하다는 평가를 받았는데도 조직개편으로 인한 부서 통합으로 인해 승진을 못한 것이 불만이다.
② 사원 B는 회사가 예년에 비해 높은 영업 이익을 얻었는데도 불구하고 연봉 인상에 인색한 것이 불만이다.
③ 사원 C는 회사가 급여 정책을 변경해서 고정급 비율을 낮추고 기본급과 인센티브를 지급하는 제도로 바꾼 것이 불만이다.
④ 사원 D는 입사 동기인 동료가 자신보다 업무 실적이 좋지 않고 불성실한 근무태도를 가지고 있는데, 팀장과의 친분으로 인해 자신보다 높은 평가를 받은 것이 불만이다.

출제의도

주어진 직원들의 정보를 통해 시급하게 진위여부를 가리고 조치하여 인력배치를 해야 하는 사항을 확인하는 문제이다.

해 설

사원 A, B, C는 각각 조직 정책에 대한 불만이기에 논의를 통해 조직적으로 대처하는 것이 옳지만, 사원 D는 팀장의 독단적인 전횡에 대한 불만이기 때문에 조사하여 시급히 조치할 필요가 있다. 따라서 가장 적절한 답은 ④번이 된다.

답 ④

자원관리능력

1 외국계 은행 서울지사에 근무하는 甲은 런던지사 乙, 시애틀지사 丙과 같은 프로젝트를 진행하면서 다음과 같이 영상업무회의를 진행하였다. 회의 시각은 런던을 기준으로 11월 1일 오전 9시라고 할 때, ㉠에 들어갈 일시는? (단 런던은 GMT＋0, 서울은 GMT＋9, 시애틀은 GMT－7을 표준시로 사용한다.)

甲 : 제가 프로젝트에서 맡은 업무는 오늘 오후 10시면 마칠 수 있습니다. 런던에서 받아서 1차 수정을 부탁드립니다.

乙 : 네, 저는 甲님께서 제시간에 끝내 주시면 다음날 오후 3시면 마칠 수 있습니다. 시애틀에서 받아서 마지막 수정을 부탁드립니다.

丙 : 알겠습니다. 저는 앞선 두 분이 제시간에 끝내 주신다면 서울을 기준으로 모레 오전 10시면 마칠 수 있습니다. 제가 업무를 마치면 프로젝트가 최종 마무리 되겠군요.

甲 : 잠깐, 다들 말씀하신 시각의 기준이 다른 것 같은데요? 저는 처음부터 런던을 기준으로 이해하고 말씀드렸습니다.

乙 : 저는 처음부터 시애틀을 기준으로 이해하고 말씀드렸는데요?

丙 : 저는 처음부터 서울을 기준으로 이해하고 말씀드렸습니다. 그렇다면 계획대로 진행될 때 서울을 기준으로 (㉠)에 프로젝트를 최종 마무리할 수 있겠네요.

甲, 乙 : 네, 맞습니다.

---

① 11월 2일 오후 3시

② 11월 2일 오후 11시

③ 11월 3일 오전 10시

④ 11월 3일 오후 3시

⑤ 11월 3일 오후 7시

> **✔ 해설** 회의 시간이 런던을 기준으로 11월 1일 9시이므로, 이때 서울은 11월 1일 18시, 시애틀은 11월 1일 2시이다.
> - 甲은 런던을 기준으로 말했으므로 甲이 프로젝트에서 맡은 업무를 마치는 시간은 런던 기준 11월 1일 22시로, 甲이 맡은 업무를 마치는 데 필요한 시간은 22 － 9 ＝ 13시간이다.
> - 乙은 시애틀을 기준으로 이해하고 말했으므로 乙은 甲이 말한 乙이 말한 다음날 오후 3시는 시애틀 기준 11월 2일 15시이다. 乙은 甲이 시애틀을 기준으로 11월 1일 22시에 맡은 일을 끝내 줄 것이라고 생각하였으므로, 乙이 맡은 업무를 마치는 데 필요한 시간은 2 ＋ 15 ＝ 17시간이다.
> - 丙은 서울을 기준으로 말했으므로 丙이 말한 모레 오전 10시는 11월 3일 10시이다. 丙은 乙이 서울을 기준으로 11월 2일 15시에 맡은 일을 끝내 줄 것이라고 생각하였으므로, 丙이 맡은 업무를 마치는 데 필요한 시간은 9 ＋ 10 ＝ 19시간이다.
> 따라서 계획대로 진행될 경우 甲, 乙, 丙이 맡은 업무를 끝내는 데 필요한 총 시간은 13 ＋ 17 ＋ 19 ＝ 49시간으로, 2일하고 1시간이라고 할 수 있다. 이를 서울 기준으로 보면 11월 1일 18시에서 2일하고 1시간이 지난 후이므로, 11월 3일 19시이다.

2 다음 중 예산 관리에 대한 설명으로 옳은 것을 모두 고르면?

> ㉠ 예산은 과거의 실적, 사업목표, 미래 사업 방향 들을 고려하여 수립한다.
>
> ㉡ 예산의 수립은 예산 관리자와 사용자 간의 협상이라고 볼 수 있다.
>
> ㉢ 예산 관리 능력이란 기업 활동에서 필요한 예산에 관계되는 능력이다.
>
> ㉣ 직접비용은 서비스 제공, 제품 생산을 위해 직접 소비된 비용으로 광고비, 공과금, 인건비 등이 있다.

① ㉠, ㉡

② ㉠, ㉡, ㉢

③ ㉡, ㉢

④ ㉡, ㉢, ㉣

⑤ ㉠, ㉡, ㉢, ㉣

✔ 해설 ※ 예산의 종류
- **직접비용** : 서비스를 제공하거나 제품을 생산하기 위해 직접 소비된 비용으로 재료비, 원료와 장비, 시설, 인건비 등이 있다.
- **간접비용** : 서비스를 제공하거나 제품을 생산하기 위해 소비된 비용 중 직접비용을 제외한 비용이다. 건물관리비, 광고비, 각종 공과금 등이 간접비용에 해당한다.

3 귀하는 OO 공단의 홍보 담당자인 L 사원이다. 아래의 자료를 근거로 판단할 때, L 사원이 선택할 4월의 광고수단은?

- 주어진 예산은 월 3천만 원이며, L 사원은 월별 공고효과가 가장 큰 광고수단 하나만을 선택한다.
- 광고비용이 예산을 초과하면 해당 광고수단은 선택하지 않는다.
- 광고효과는 아래와 같이 계산한다.

$$\text{광고효과} = \frac{\text{총 광고 횟수} \times \text{회당 광고노출자 수}}{\text{광고비용}}$$

- 광고수단은 한 달 단위로 선택된다.

광고수단	광고 횟수	회당 광고노출자 수	월 광고비용(천 원)
TV	월 3회	100만 명	30,000
버스	일 1회	10만 명	20,000
KTX	일 70회	1만 명	35,000
지하철	일 60회	2천 명	25,000
포털사이트	일 50회	5천 명	30,000

① TV   ② 버스
③ KTX   ④ 지하철
⑤ 포털사이트

✔해설 L 사원에게 주어진 예산은 월 3천만 원이며, 이를 초과할 경우 광고수단은 선택하지 않는다. 따라서 월 광고비용이 3,500만 원인 KTX는 배제된다.

조건에 따라 광고수단은 한 달 단위로 선택되며 4월의 광고비용을 계산해야 하므로 모든 광고수단은 30일을 기준으로 한다. 조건에 따른 광고 효과 공식을 대입하면 아래와 같이 광고 효과를 산출할 수 있다.

구분	광고횟수	회당 광고노출자 수 (만 명)	월 광고비용 (천 원)	광고효과
TV	3	100	30,000	0.01
버스	30	10	20,000	0.015
KTX	2,100	1	35,000	0.06
지하철	1,800	0.2	25,000	0.0144
포털사이트	1,500	0.5	30,000	0.025

따라서 L 사원은 예산 초과로 배제된 KTX를 제외하고, 월별 광고효과가 가장 좋은 포털사이트를 선택한다.

4 다음은 ○○전시회의 입장료와 할인 사항에 관한 내용이다. 〈보기〉의 사항 중 5인 입장권을 사용하는 것이
유리한 경우를 모두 고르면?

〈전시회 입장료〉

(단위 : 원)

	평일 (월~금)	주말(토 · 일 및 법정공휴일)
성인	25,800	28,800
청소년 (만 13세 이상 및 19세 미만)	17,800	18,800
어린이(만 13세 미만)	13,800	13,800

- 평일에 성인 3명 이상 방문 시 전체 요금의 10% 할인
  (평일은 법정공휴일을 제외한 월~금요일을 의미함)
- 성인, 청소년, 어린이를 구분하지 않는 5인 입장권을 125,000원에 구매 가능(요일 구분 없이 사용
  가능하며, 5인 입장권 사용 시 다른 할인 혜택은 적용되지 않음)
- 주말에 한하여 통신사 할인 카드 사용 시 전체 요금의 15% 할인(단, 통신사 할인 카드는 乙과 丙만
  가지고 있음)

〈보기〉

㉠ 甲이 3월 1일(법정공휴일)에 자신을 포함한 성인 4명 및 청소년 3명과 전시회 관람
㉡ 乙이 법정공휴일이 아닌 화요일에 자신을 포함한 성인 6인과 청소년 2인과 전시회 관람
㉢ 丙이 토요일에 자신을 포함한 성인 5명과 청소년 2명과 전시회 관람
㉣ 丁이 법정공휴일이 아닌 목요일에 자신을 포함한 성인 5명 및 어린이 1명과 전시회 관람

① ㉠   ② ㉡
③ ㉡, ㉢   ④ ㉢
⑤ ㉢, ㉣

✔ **해설**
㉠ 성인 4명(28,800×4)+청소년 3명(18,800×3)=171,600원
　5인 입장권 구매 시=162,600원
㉡ 성인 6명(25,800×6)+청소년 2명(17,800×2)×평일 10% 할인=171,360원
　5인 입장권 구매 시=186,400원
㉢ 성인 5명(28,800×5)+청소년 2명(18,800×2)×주말 통신사 15% 할인=154,360원
　5인 입장권 구매 시=162,600원
㉣ 성인 5명(25,800×5명)+어린이 1명(13,800)×평일 10% 할인=128,520원
　5인 입장권 구매 시=138,800원

5 길동이는 크리스마스를 맞아 그동안 카드 사용 실적에 따라 적립해 온 마일리지를 이용해 국내 여행(편도)을 가려고 한다. 길동이의 카드 사용 실적과 마일리지 관련 내역이 다음과 같을 때의 상황에 대한 올바른 설명은?

<카드 적립 혜택>

- 연간 결제금액이 300만 원 이하 : 10,000원당 30마일리지
- 연간 결제금액이 600만 원 이하 : 10,000원당 40마일리지
- 연간 결제금액이 800만 원 이하 : 10,000원당 50마일리지
- 연간 결제금액이 1,000만 원 이하 : 10,000원당 70마일리지

※ 마일리지 사용 시점으로부터 3년 전까지의 카드 실적을 기준으로 함.

<길동이의 카드 사용 내역>

- 재작년 결제 금액 : 월 평균 45만 원
- 작년 결제 금액 : 월 평균 65만 원

<마일리지 이용 가능 구간>

목적지	일반석	프레스티지석	일등석
울산	70,000	90,000	95,000
광주	80,000	100,000	120,000
부산	85,000	110,000	125,000
제주	90,000	115,000	130,000

① 올해 카드 결제 금액이 월 평균 80만 원이라면, 일등석을 이용하여 제주로 갈 수 있다.
② 올해 카드 결제 금액이 월 평균 60만 원이라면, 일등석을 이용하여 광주로 갈 수 없다.
③ 올해에 카드 결제 금액이 전무해도 일반석을 이용하여 울산으로 갈 수 있다.
④ 올해 카드 결제 금액이 월 평균 70만 원이라면 프레스티지석을 이용하여 제주로 갈 수 없다.
⑤ 올해 카드 결제 금액이 월 평균 30만 원이라면, 프레스티지석을 이용하여 울산으로 갈 수 있다.

✔ 해설 재작년과 작년에 적립된 마일리지를 구하면 다음과 같다.

재작년 : $45 \times 12 = 540$, $540 \times 40 = 21,600$

작년 : $65 \times 12 = 780$, $780 \times 50 = 39,000$

총 60,600마일리지

② 올해의 카드 결제 금액이 월 평균 60만 원이라면, $60 \times 12 = 720$, $720 \times 50 = 36,000$이 되어 총 96,600마일리지가 되므로 120,000마일리지가 필요한 광주 일등석을 이용할 수 없다.

① $80 \times 12 = 960$, $960 \times 70 = 67,200$마일리지이므로 총 127,800마일리지로 제주 일등석을 이용할 수 없다.

③ 60,600마일리지가 되므로 울산 일반석을 이용할 수 없다.

④ $70 \times 12 = 840$, $840 \times 70 = 58,800$마일리지이므로 총 119,400마일리지로 제주 프레스티지석 이용이 가능하다.

⑤ $30 \times 12 = 360$, $360 \times 40 = 14,400$마일리지이므로 총 75,000마일리지로 울산 프레스티지석을 이용할 수 없다.

Answer 5.②

6 귀하는 ○○토지주택공사의 사업 담당자이다. 아래의 글과 〈상황〉을 근거로 판단할 때, 사업 신청자인 A가 지원받을 수 있는 주택보수비용의 최대 액수는?

– 주택을 소유하고 해당 주택에 거주하는 가구를 대상으로 주택 노후도 평가를 실시하여 그 결과 (경·중·대보수)에 따라 이래와 같이 주택보수비용을 지원

〈주택보수비용 지원 내용〉

구분	경보수	중보수	대보수
보수항목	도배 혹은 장판	수도시설 혹은 난방시설	지붕 혹은 기둥
주택당 보수비용 지원한도액	350만 원	650만 원	950만 원

– 소득인정액에 따라 보수비용 지원한도액의 80%~100%를 차등지원

구분	중위소득 25% 미만	중위소득 25% 이상 35% 미만	중위소득 35% 이상 43% 미만
보수항목	100%	90%	80%

〈상황〉

A는 현재 거주하고 있는 ○○주택의 소유자이며, 소득인정액이 중위소득 40%에 해당한다. A 주택의 노후도 평가결과, 지붕의 수선이 필요한 주택보수비용 지원대상이 선정되었다.

① 520만 원 ② 650만 원
③ 760만 원 ④ 855만 원
⑤ 950만 원

해설 A는 주택소유자로서 소득인정액이 중위소득의 40%이므로 중위소득 35% 이상 43% 미만에 해당하여 총 보수비용의 80%를 지원받는다. A주택은 지붕의 수선이 필요하므로 주택보수비용 지원 내용에 따라 950만 원이 지원된다.
따라서 A가 지원받을 수 있는 주택보수비용의 최대 액수는 950만 원의 80%인 760만 원이 된다.

7 다음은 어느 회사의 연차 제도를 나타낸 것이다. 현재 날짜는 2024년 8월 13일 일 때, 다음 자료를 보고 연차가 가장 많이 남은 사원을 고르면?

〈연차 제도〉

재직 기간	연차 일수
1년 미만	5
1년 이상 2년 미만	6
2년 이상 4년 미만	8
4년 이상 7년 미만	11
7년 이상	13

※ 표는 기본 연차일수를 나타낸 것이며 직급과 지난 성과에 따라 연차일수는 추가됩니다.

• 대리 : +2일, 과장·차장 : +3일, 부장 : +5일

• 성과→70~79점 : +1일, 80~89점 : +2일, 90~100점 : +3일

※ 반차 1회 사용 시 연차를 0.5일로 계산합니다.

① 2022년 8월 20일에 입사한 사원 A는 지난 성과에서 95점을 받았으며, 연차 1일과 반차 3회를 사용하였다.

② 2023년 10월 30일에 입사한 부장 B는 지난 성과에서 57점을 받았으며, 연차 3일을 사용하였다.

③ 2020년 11월 5일에 입사한 대리 C는 지난 성과에서 72점을 받았으며, 연차 4일과 반차 4회를 사용하였다.

④ 2019년 2월 1일에 입사한 차장 D는 지난 성과에서 69점을 받았으며, 연차 2일과 반차 9회를 사용하였다.

⑤ 2021년 5월 31일에 입사한 과장 E는 지난 성과에서 84점을 받았으며, 연차 4일과 반차 2회를 사용하였다.

✔ **해설** ① 기본 연차 6일+성과 3일-1일-1.5일=6.5일
② 기본 연차 5일+직급 5일-3일=7일
③ 기본 연차 8일+직급 2일+성과 1일-4일-2일=5일
④ 기본 연차 11일+직급 3일-2일-4.5일=7.5일
⑤ 기본 연차 8일+직급 3일+성과 2일-4일-1일=8일

Answer　6.③ 7.⑤

8 다음 표는 어떤 렌터카 회사에서 제시한 차종별 자동차 대여료이다. A부장이 팀원 9명과 함께 차량을 대여하여 3박 4일로 야유회를 계획하고 있다. 다음 중 가장 경제적인 차량 임대 방법은?

구분	대여 기간별 1일 요금(원)			대여 시간별 요금(원)	
	1~2일	3~6일	7일 이상	6시간	12시간
소형(4인승)	75,000	68,000	60,000	34,000	49,000
중형(5인승)	105,000	95,000	84,000	48,000	69,000
대형(8인승)	182,000	164,000	146,000	82,000	119,000
SUV(7인승)	152,000	137,000	122,000	69,000	99,000

※ 대여 시간을 초과하면 다음 단계의 요금을 적용

※ 소형차, 중형차, 대형차 대여 시 차 대수×대여일수>7일 이라면, 전체 금액의 5%할인

※ SUV 대여시 차 대수×대여일수>5일이라면, 전체 금액의 10% 할인

　(예를 들어 소형차 2대와 SUV 1대를 4일간 대여한다면 소형차2대×4일>7일이 되므로 소형차 2대의 4일 대여 가격만 5% 할인해드립니다.)

① SUV 2대 대여

② 소형차 3대 대여

③ 중형차 2대 대여

④ SUV 1대와 소형차 1대 대여

⑤ 소형차 1대와 중형차 1대 대여

 ① $137,000 \times 2 \times 4 \times 90\% = 986,400$원

② $68,000 \times 3 \times 4 \times 95\% = 775,200$원

③ $95,000 \times 2 \times 4 \times 95\% = 722,000$원

④ $137,000 \times 4 + 68,000 \times 4 = 820,000$원

⑤ A부장＋팀원 9명＝10명이지만 소형차와 중형차를 1대씩 대여하면 9명만 탈 수 있다.

9 A국에서는 다음과 같이 여성폭력피해자 보호시설에 대해 보조금을 지급하려고 한다. 甲, 乙, 丙, 丁의 4개 보호시설에 대해 보조금을 지급한다면 필요한 예산의 총액은 얼마인가?

---

1. 여성폭력피해자 보호시설 운영비
   - 종사자 1~2인 시설 : 200백만 원
   - 종사자 3~4인 시설 : 300백만 원
   - 종사자 5인 이상 시설 : 400백만 원
   ※ 단, 평가등급이 1등급인 보호시설에는 해당 지급액의 100%를 지급하지만, 2등급인 보호시설에는 80%, 3등급인 보호시설에는 60%를 지급한다.
2. 여성폭력피해자 보호시설 사업비
   - 종사자 1~3인 시설 : 60백만 원
   - 종사자 4인 이상 시설 : 80백만 원
3. 여성폭력피해자 보호시설 종사자 장려수당
   - 종사자 1인당 50백만 원
4. 여성폭력피해자 보호시설 입소자 간식비
   - 입소자 1인당 1백만 원

〈여성폭력피해자 보호시설 현황〉

보호시설	평가등급	종사자 수(인)	입소자 수(인)
甲	1	4	7
乙	1	2	8
丙	2	4	10
丁	3	5	12

---

① 2,067백만 원
② 2,321백만 원
③ 2,697백만 원
④ 2,932백만 원
⑤ 3,137백만 원

✔ **해설** 甲 : 300＋80＋200＋7＝587(백만 원)
乙 : 200＋60＋100＋8＝368(백만 원)
丙 : 240＋80＋200＋10＝530(백만 원)
丁 : 240＋80＋250＋12＝582(백만 원)
따라서 587＋368＋530＋582＝2,067(백만 원)이다.

10 다음은 □□시 체육관 대관에 관한 자료이다. 다음의 자료를 참고한 설명 중 옳은 것은?

〈□□시 체육관 대관 안내〉

- 대관 예약은 2개월전부터 가능합니다.
- 대관료는 대관일 최소 5일 전에 결제해야 대관 이용이 가능합니다.
- 초과 시간당 대관료 계산은 일일 4시간 기준 대관료의 시간당 20% 가산 징수합니다.

※ □□시 주최의 행사가 있을 시에는 시행사 우선으로 대관 예약이 취소될 수 있음을 알려드립니다.

〈□□시 체육관 대관료〉

(단위 : 원)

대관료		관내		관외	
		평일	휴일	평일	휴일
체육 경기	4시간 기준	60,000	90,000	120,000	180,000
	초과 1시간당	12,000	18,000	24,000	36,000
체육 경기 외	4시간 기준	250,000	350,000	500,000	700,000
	초과 1시간당	50,000	70,000	100,000	140,000

부대시설 사용료	
음향	10,000/시간
냉 · 난방	30,000/시간

〈일일 입장료〉

구분	평일	휴일	비고
어른	1,500원	2,000원	2시간 초과 시 재구매
노인, 장애인, 유공자 등	700원	1,000원	관내 어린이 · 청소년 무료

〈프로그램 안내〉

프로그램	요일	시간	수강료
여성배구	월, 수, 금	09 : 30 ~ 13 : 00	30,000원
줌바댄스	화, 목	20 : 00 ~ 21 : 00	30,000원

① 甲 : 휴일에 ㅁㅁ시 탁구 동호회에서 탁구 대회를 위해 체육관을 5시간 대관했다면 총 대관료는 84,000원이군.

② 乙 : 2개월 전에 미리 예약만 하면 체육관을 반드시 대관할 수 있겠네.

③ 丙 : 체육관을 대관하고 음향시설까지 2시간 사용했다면 대관료와 함께 부대시설 사용료 6만 원을 지불해야 하는군.

④ 丁 : 관내 거주자인 어른 1명과 고등학생 1명의 휴일 일일 입장료는 2,000원이군.

⑤ 戊 : 프로그램 2개를 모두 수강하는 사람은 수강료로 5만 원을 지불하면 되겠네.

> **✔ 해설**　① 체육경기를 목적으로 관내 동호회가 휴일에 체육관을 대관한 것으로, 4시간 기준 대관료 90,000원에 1시간 초과 대관료 18,000원을 더하여 108,000원의 대관료를 지불해야 한다.
> ② ㅁㅁ시 주최의 행사가 있을 시에는 시행사 우선으로 대관 예약이 취소될 수 있다.
> ③ 음향시설 사용료는 시간당 만 원으로, 대관료와 함께 지불해야 할 부대시설 사용료는 2만 원이다.
> ⑤ 여성배구와 줌바댄스 프로그램의 수강료는 각각 3만 원으로 2개 프로그램을 모두 수강하는 사람은 수강료로 6만 원을 지불해야 한다.

Answer　10.④

11 다음은 (주)서원기업의 재고 관리 사례이다. 금요일까지 부품 재고 수량이 남지 않게 완성품을 만들 수 있도록 월요일에 주문할 A~C 부품 개수로 옳은 것은? (단, 주어진 조건 이외에는 고려하지 않는다)

〈부품 재고 수량과 완성품 1개당 소요량〉

부품명	부품 재고 수량	완성품 1개당 소요량
A	500	10
B	120	3
C	250	5

〈완성품 납품 수량〉

항목 \ 요일	월	화	수	목	금
완성품 납품 개수	없음	30	20	30	20

〈조건〉

1. 부품 주문은 월요일에 한 번 신청하며 화요일 작업 시작 전 입고된다.
2. 완성품은 부품 A, B, C를 모두 조립해야 한다.

	A	B	C
①	100	100	100
②	100	180	200
③	500	100	100
④	500	180	250
⑤	500	150	250

✔ 해설 완성품 납품 개수는 30＋20＋30＋20으로 총 100개이다. 완성품 1개당 부품 A는 10개가 필요하므로 총 1,000개가 필요하고, B는 300개, C는 500개가 필요하다. 이때 각 부품의 재고 수량에서 부품 A는 500개를 가지고 있으므로 필요한 1,000개에서 가지고 있는 500개를 빼면 500개의 부품을 주문해야 한다. 부품 B는 120개를 가지고 있으므로 필요한 300개에서 가지고 있는 120개를 빼면 180개를 주문해야 하며, 부품 C는 250개를 가지고 있으므로 필요한 500개에서 가지고 있는 250개를 빼면 250개를 주문해야 한다.

12 다음은 물품을 배송할 때, 물건의 정보와 요금을 나타낸 표이다. A지역에서 거리가 150km인 B지역까지 가로, 세로, 높이의 길이가 5m, 2m, 4m인 트럭을 이용해 옮긴다면 운송비용이 저렴한 물품부터 순서대로 나열한 것은? (트럭에 최대한 많은 물건을 싣는다.)

구분	무게	부피(가로 · 세로 · 높이cm^3)	10kg요금(원)	10km당 요금(원)
A	5kg	$700 \times 30 \times 10$	6,000	2,500
B	3kg	$80 \times 60 \times 30$	5,000	4,000
C	3kg	$50 \times 50 \times 50$	5,500	3,000
D	2.5kg	$40 \times 20 \times 120$	4,000	8,000

① B, D, C, A

② B, C, A, D

③ A, C, D, B

④ A, D, B, C

⑤ D, C, B, A

✔ 해설 A

- 개수: $500 \times 200 \times 400 \div (700 \times 30 \times 10) = 190$
- 무게: $190 \times 5 = 950$
- 가격: $950 \div 10 \times 6,000 + 2,500 \times 15 = 570,000 + 37,500 = 607,500$원

B

- 개수: $500 \times 200 \times 400 \div (80 \times 60 \times 30) = 277$
- 무게: $277 \times 3 = 831$
- 가격: $831 \div 10 \times 5,000 + 4,000 \times 15 = 415,500 + 60,000 = 475,500$원

C

- 개수: $500 \times 200 \times 400 \div (50 \times 50 \times 50) = 320$
- 무게: $320 \times 3 = 960$
- 가격: $960 \div 10 \times 5,500 + 3,000 \times 15 = 528,000 + 45,000 = 573,000$원

D

- 개수: $500 \times 200 \times 400 \div (40 \times 20 \times 120) = 416$
- 무게: $416 \times 2.5 = 1,040$
- 가격: $1,040 \div 10 \times 4,000 + 8,000 \times 15 = 416,000 + 120,000 = 536,000$원

13 다음 도로교통법상 과태료 부과기준을 참고할 때 〈보기〉에서 부과되는 과태료의 총합(㉠ + ㉡ + ㉢ + ㉣)은 얼마인가?

〈과태료 부과기준〉

위반행위 및 행위자	과태료 금액
㉠ 신호 또는 지시를 따르지 않은 차 또는 노면전차의 고용주 등	• 승합자동차 등 : 8만 원 • 승용자동차 등 : 7만 원 • 이륜자동차 등 : 5만 원
㉡ 다음의 어느 하나에 해당하는 차의 고용주 등 • 중앙선을 침범한 차 • 고속도로에서 갓길로 통행한 차 • 고속도로에서 전용차로로 통행한 차	• 승합자동차 등 : 10만 원 • 승용자동차 등 : 9만 원
㉢ 다음의 어느 하나에 해당하는 차의 고용주 등 • 차로를 따라 통행하지 않은 차 • 지방경찰청장이 지정한 통행방법에 따라 통행하지 않은 차	• 승합자동차 등 : 4만 원 • 승용자동차 등 : 4만 원 • 이륜자동차 등 : 3만 원
㉣ 일반도로에서 전용차로로 통행한 차의 고용주 등	• 승합자동차 등 : 6만 원 • 승용자동차 등 : 5만 원 • 이륜자동차 등 : 4만 원
㉤ 제한속도를 준수하지 않은 차 또는 노면전차의 고용주 등 • 60km/h 초과 • 40km/h 초과 60km/h 이하 • 20km/h 초과 40km/h 이하 • 20km/h 이하	 • 승합자동차 등 : 14만 원 • 승용자동차 등 : 13만 원 • 이륜자동차 등 : 9만 원 • 승합자동차 등 : 11만 원 • 승용자동차 등 : 10만 원 • 이륜자동차 등 : 7만 원 • 승합자동차 등 : 8만 원 • 승용자동차 등 : 7만 원 • 이륜자동차 등 : 5만 원 • 승합자동차 등 : 4만 원 • 승용자동차 등 : 4만 원 • 이륜자동차 등 : 3만 원

㉥ 규정을 위반하여 정차 또는 주차를 한 차의 고용주 등	• 승합자동차 등 : 5만 원 (6만 원) • 승용자동차 등 : 4만 원 (5만 원)
㉦ 운전 중 실은 화물이 떨어지지 않도록 덮개를 씌우거나 묶는 등 확실하게 고정될 수 있도록 필요한 조치를 하지 않은 차의 고용주 등	• 승합자동차 등 : 6만 원 • 승용자동차 등 : 5만 원 • 이륜자동차 등 : 4만 원
㉧ 동승자에게 좌석안전띠를 매도록 하지 않은 운전자 • 동승자가 13세 미만인 경우 • 동승자가 13세 이상인 경우	 6만 원 3만 원
㉨ 어린이통학버스를 신고하지 않고 운행한 운영자	30만 원

※ 비고
• 위 표에서 "승합자동차 등"이란 승합자동차, 4톤 초과 화물자동차, 특수자동차, 건설기계 및 노면전차를 말한다.
• 위 표에서 "승용자동차 등"이란 승용자동차 및 4톤 이하 화물자동차를 말한다.
• 위 표에서 "이륜자동차 등"이란 이륜자동차 및 원동기장치자전거를 말한다.
• 위 표 ㉥의 과태료 금액에서 괄호 안의 것은 같은 장소에서 2시간 이상 정차 또는 주차 위반을 하는 경우에 적용한다.

<보기>

㉠ 고속도로에서 갓길로 통행한 승합자동차 차주에게 부과되는 과태료
㉡ 12세인 동승자에게 좌석안전띠를 매도록 하지 않은 운전자에게 부과되는 과태료
㉢ 제한속도를 30km/h 초과한 3톤 화물자동차 차주에게 부과되는 과태료
㉣ 규정을 위반하여 3시간 주차한 5톤 화물자동차 차주에게 부과되는 과태료

① 20만 원   ② 23만 원
③ 25만 원   ④ 27만 원
⑤ 29만 원

 ㉠ 고속도로에서 갓길로 통행한 승합자동차 차주에게 부과되는 과태료 : 10만 원
㉡ 12세인 동승자에게 좌석안전띠를 매도록 하지 않은 운전자에게 부과되는 과태료 : 6만 원
㉢ 제한속도를 30km/h 초과한 3톤 화물자동차 차주에게 부과되는 과태료 : 7만 원
㉣ 규정을 위반하여 3시간 주차한 5톤 화물자동차 차주에게 부과되는 과태료 : 6만 원
따라서 과태료의 총합은 29만 원이다.

┃14~15┃ 甲과 乙은 산양우유를 생산하여 판매하는 ○○목장에서 일한다. 다음을 바탕으로 물음에 답하시오.

- ○○목장은 A~D의 4개 구역으로 이루어져 있으며 산양들은 자유롭게 다른 구역을 넘나들 수 있지만 목장을 벗어나지 않는다.
- 甲과 乙은 산양을 잘 관리하기 위해 구역별 산양의 수를 파악하고 있어야 하는데, 산양들이 계속 구역을 넘나들기 때문에 산양의 수를 정확히 헤아리는 데 어려움을 겪고 있다.
- 고민 끝에 甲과 乙은 시간별로 산양의 수를 기록하되, 甲은 특정 시간 특정 구역의 산양의 수만을 기록하고, 乙은 산양이 구역을 넘나들 때마다 그 시간과 그때 이동한 산양의 수를 기록하기로 하였다.
- 甲과 乙이 같은 날 오전 9시부터 오전 10시 15분까지 작성한 기록표는 다음과 같으며, ㉠~㉣을 제외한 모든 기록은 정확하다.

甲의 기록표			乙의 기록표		
시간	구역	산양 수	시간	구역 이동	산양 수
09:10	A	17마리	09:08	B → A	3마리
09:22	D	21마리	09:15	B → D	2마리
09:30	B	8마리	09:18	C → A	5마리
09:45	C	11마리	09:32	D → C	1마리
09:58	D	㉠ 21마리	09:48	A → C	4마리
10:04	A	㉡ 18마리	09:50	D → B	1마리
10:10	B	㉢ 12마리	09:52	C → D	3마리
10:15	C	㉣ 10마리	10:05	C → B	2마리

- 구역 이동 외의 산양의 수 변화는 고려하지 않는다.

14 ㉠~㉣ 중 옳게 기록된 것만을 고른 것은?

① ㉠, ㉡　　　　　　　　　　　② ㉠, ㉢

③ ㉡, ㉢　　　　　　　　　　　④ ㉡, ㉣

⑤ ㉢, ㉣

 **해설** ㉠ 09:22에 D구역에 있었던 산양 21마리에서 09:32에 C구역으로 1마리, 09:50에 B구역으로 1마리가 이동하였고 09:52에 C구역에서 3마리가 이동해 왔으므로 09:58에 D구역에 있는 산양은 21 − 1 − 1 + 3 = 22마리이다.

㉡ 09:10에 A구역에 있었던 산양 17마리에서 09:18에 C구역에서 5마리가 이동해 왔고 09:48에 C구역으로 4마리가 이동하였으므로 10:04에 A구역에 있는 산양은 17 + 5 − 4 = 18마리이다.

㉢ 09:30에 B구역에 있었던 산양 8마리에서 09:50에 D구역에서 1마리가 이동해 왔고, 10:05에 C구역에서 2마리가 이동해 왔으므로 10:10에 B구역에 있는 산양은 8 + 1 + 2 = 11마리이다.

㉣ 09:45에 C구역에 있었던 11마리에서 09:48에 A구역에서 4마리가 이동해 왔고, 09:52에 D구역으로 3마리, 10:05에 B구역으로 2마리가 이동하였으므로 10:15에 C구역에 있는 산양은 11 + 4 − 3 − 2 = 10마리이다.

15 ○○목장에서 키우는 산양의 총 마리 수는?

① 58마리　　　　　　　　　　　② 59마리

③ 60마리　　　　　　　　　　　④ 61마리

⑤ 62마리

해설 ○○목장에서 키우는 산양의 총 마리 수는 22 + 18 + 11 + 10 = 61마리이다.

 다음은 A병동 11월 근무 일정표 초안이다. A병동은 1~4조로 구성되어 있으며 3교대로 돌아간다. 주어진 정보를 보고 물음에 답하시오.

	일	월	화	수	목	금	토
	1	2	3	4	5	6	7
오전	1조	1조	1조	1조	1조	2조	2조
오후	2조	2조	2조	3조	3조	3조	3조
야간	3조	4조	4조	4조	4조	4조	1조
	8	9	10	11	12	13	14
오전	2조	2조	2조	3조	3조	3조	3조
오후	3조	4조	4조	4조	4조	4조	1조
야간	1조	1조	1조	1조	2조	2조	2조
	15	16	17	18	19	20	21
오전	3조	4조	4조	4조	4조	4조	1조
오후	1조	1조	1조	1조	2조	2조	2조
야간	2조	2조	3조	3조	3조	3조	3조
	22	23	24	25	26	27	28
오전	1조	1조	1조	1조	2조	2조	2조
오후	2조	2조	3조	3조	3조	3조	3조
야간	4조	4조	4조	4조	4조	1조	1조
	29	30					
오전	2조	2조					
오후	4조	4조					
야간	1조	1조					

- 1조 : 나경원(조장), 임채민, 조은혜, 이가희, 김가은
- 2조 : 김태희(조장), 이샘물, 이가야, 정민지, 김민경
- 3조 : 우채원(조장), 황보경, 최희경, 김희원, 노혜은
- 4조 : 전혜민(조장), 고명원, 박수진, 김경민, 탁정은

※ 한 조의 일원이 개인 사유로 근무가 어려울 경우 당일 오프인 조의 일원(조장 제외) 중 1인이 대체 근무를 한다.

※ 대체근무의 경우 오전근무 직후 오후근무 또는 오후근무 직후 야간근무는 가능하나 야간근무 직후 오전근무는 불가능하다.

※ 대체근무가 어려운 경우 휴무자가 포함된 조의 조장이 휴무자의 업무를 대행한다.

16 다음은 직원들의 휴무 일정이다. 배정된 대체근무자로 적절하지 못한 사람은?

휴무일자	휴무 예정자	대체 근무 예정자
11월 3일	임채민	① 노혜은
11월 12일	황보경	② 이가희
11월 17일	우채원	③ 이샘물
11월 24일	탁정은	④ 정민지
11월 30일	고명원	⑤ 최희경

✔ 해설 11월 12일 황보경(3조)은 오전근무이다. 1조는 바로 전날 야간근무를 했기 때문에 대체해줄 수 없다. 따라서 이가희가 아닌 우채원(3조 조장)이 황보경의 업무를 대행한다.

17 다음은 직원들의 휴무 일정이다. 배정된 대체근무자로 적절하지 못한 사람은?

휴무일자	휴무 예정자	대체 근무 예정자
11월 7일	노혜은	① 탁정은
11월 10일	이샘물	② 최희경
11월 15일	최희경	③ 고명원
11월 20일	김희원	④ 임채민
11월 29일	탁정은	⑤ 김희원

✔ 해설 11월 20일 김희원(3조)은 야간근무이다. 1조는 바로 다음 날 오전근무를 해야 하기 때문에 대체해줄 수 없다. 따라서 임채민이 아닌 우채원(3조 조장)이 김희원의 업무를 대행한다.

❚18~19❚ D회사에서는 1년에 1명을 선발하여 해외연수를 보내주는 제도가 있다. 김부장, 최과장, 오과장, 홍대리, 박사원 5명이 지원한 가운데 〈선발 기준〉과 〈지원자 현황〉은 다음과 같다. 다음을 보고 물음에 답하시오.

〈선발 기준〉

구분	점수	비고
외국어 성적	50점	
근무 경력	20점	15년 이상이 만점 대비 100%, 10년 이상 15년 미만이 70%, 10년 미만이 50%이다. 단, 근무경력이 최소 5년 이상인 자만 선발 자격이 있다.
근무 성적	10점	
포상	20점	3회 이상이 만점 대비 100%, 1~2회가 50%, 0회가 0%이다.
계	100점	

〈지원자 현황〉

구분	김부장	최과장	오과장	홍대리	박사원
근무경력	30년	20년	10년	3년	2년
포상	2회	4회	0회	5회	1회

※ 외국어 성적은 김부장과 최과장이 만점 대비 50%이고, 오과장이 80%, 홍대리와 박사원이 100%이다.

※ 근무 성적은 최과장과 박사원이 만점이고, 김부장, 오과장, 홍대리는 만점 대비 90%이다.

18 위의 선발 기준과 지원자 현황에 따를 때 가장 높은 점수를 받은 사람이 선발된다면 선발되는 사람은?

① 김부장　　　　　　　　　　② 최과장

③ 오과장　　　　　　　　　　④ 홍대리

⑤ 박사원

	김부장	최과장	오과장	홍대리, 박사원
외국어 성적	25점	25점	40점	
근무 경력	20점	20점	14점	근무경력이 5년 미만이므로 선발 자격이 없다.
근무 성적	9점	10점	9점	
포상	10점	20점	0점	
계	64점	75점	63점	

19 회사 규정의 변경으로 인해 선발 기준이 다음과 같이 변경되었다면, 새로운 선발 기준 하에서 선발되는 사람은? (단, 가장 높은 점수를 받은 사람이 선발된다)

구분	점수	비고
외국어 성적	40점	
근무 경력	40점	30년 이상이 만점 대비 100%, 20년 이상 30년 미만이 70%, 20년 미만이 50%이다. 단, 근무경력이 최소 5년 이상인 자만 선발 자격이 있다.
근무 성적	10점	
포상	10점	3회 이상이 만점 대비 100%, 1~2회가 50%, 0회가 0%이다.
계	100점	

① 김부장   ② 최과장
③ 오과장   ④ 홍대리
⑤ 박사원

	김부장	최과장	오과장	홍대리, 박사원
외국어 성적	20점	20점	32점	
근무 경력	40점	28점	20점	근무경력이 5년 미만이므로 선발 자격이 없다.
근무 성적	9점	10점	9점	
포상	5점	10점	0점	
계	74점	68점	61점	

Answer 18.② 19.①

20 다음 〈표〉는 K국 '갑 ~ '무' 공무원의 국외 출장 현황과 출장 국가별 여비 지급 기준액을 나타낸 자료이다. 〈표〉와 〈조건〉을 근거로 출장 여비를 지급받을 때, 출장 여비를 가장 많이 지급받는 출장자는 누구인가?

〈표1〉 K국 '갑 ~ '무' 공무원 국외 출장 현황

출장자	출장국가	출장기간	숙박비 지급 유형	1박 실지출 비용($/박)	출장 시 개인 마일리지 사용 여부
갑	A	3박 4일	실비지급	145	미사용
을	A	3박 4일	정액지급	130	사용
병	B	3박 5일	실비지급	110	사용
정	C	4박 6일	정액지급	75	미사용
무	D	5박 6일	실비지급	75	사용

※ 각 출장자의 출장 기간 중 매 박 실지출 비용은 변동 없음

〈표2〉 출장 국가별 1인당 여비 지급 기준액

출장국가 \ 구분	1일 숙박비 상한액($/박)	1일 식비($/일)
A	170	72
B	140	60
C	100	45
D	85	35

〈조건〉

㉠ 출장 여비($) = 숙박비 + 식비
㉡ 숙박비는 숙박 실지출 비용을 지급하는 실비지급 유형과 출장국가 숙박비 상한액의 80%를 지급하는 정액지급 유형으로 구분
 • 실비지급 숙박비($) = (1박 실지출 비용) × ('박' 수)
 • 정액지급 숙박비($) = (출장국가 1일 숙박비 상한액) × ('박' 수) × 0.8
㉢ 식비는 출장 시 개인 마일리지 사용여부에 따라 출장 중 식비의 20% 추가지급
 • 개인 마일리지 미사용시 지급 식비($) = (출장국가 1일 식비) × ('일' 수)
 • 개인 마일리지 사용시 지급 식비($) = (출장국가 1일 식비) × ('일' 수) × 1.2

① 갑   ② 을
③ 병   ④ 정
⑤ 무

✔ 해설
① $145 \times 3 + 72 \times 4 = 723$
② $170 \times 3 \times 0.8 + 72 \times 4 \times 1.2 = 753.6$
③ $110 \times 3 + 60 \times 5 \times 1.2 = 690$
④ $100 \times 4 \times 0.8 + 45 \times 6 = 590$
⑤ $75 \times 5 + 35 \times 6 \times 1.2 = 627$

21 다음 중 신입사원 인성씨가 해야 할 일을 시간관리 매트릭스 4단계로 구분한 것으로 잘못 된 것은?

〈인성씨가 해야 할 일〉

㉠ 어제 못 본 드라마보기
㉡ 마감이 정해진 프로젝트
㉢ 인간관계 구축하기
㉣ 업무 보고서 작성하기
㉤ 회의하기
㉥ 자기개발하기
㉦ 상사에게 급한 질문하기

〈시간관리 매트릭스〉

	긴급함	긴급하지 않음
중요함	제1사분면	제2사분면
중요하지 않음	제3사분면	제4사분면

① 제1사분면 : ㉢
② 제2사분면 : ㉥
③ 제3사분면 : ㉣
④ 제3사분면 : ㉤
⑤ 제4사분면 : ㉠

✔ 해설

〈시간관리 매트릭스〉

	긴급함	긴급하지 않음
중요함	㉡	㉢㉥
중요하지 않음	㉣㉤㉦	㉠

22 다음 사례에 알맞은 분석은 무엇인가?

> 수민이는 최근 악세서리를 만드는 아르바이트를 하고 있다. 수입은 시간당 7천원이고 재료비는 따로 들어간다. 시간당 들어가는 비용은 다음과 같다.
>
> (단위 : 원)
>
> | 시간 | 3 | 4 | 5 | 6 | 7 |
> |------|------|------|------|------|------|
> | 비용 | 11,000 | 15,000 | 22,000 | 28,000 | 36,000 |

① 수민이가 1시간 더 일할 때마다 추가로 발생하는 비용은 일정하다.

② 수민이는 하루에 6시간 일하는 것이 가장 합리적이다.

③ 수민이가 아르바이트로 하루에 최대로 얻을 수 있는 순이익은 15,000원이다.

④ 수민이가 1시간 더 일할 때마다 추가로 발생하는 수입은 계속 증가한다.

⑤ 수민이가 하루에 4시간 일을 하면 순이익은 28,000원이다.

✔ 해설

(단위 : 원)

시간	3	4	5	6	7
수입	21,000	28,000	35,000	42,000	49,000
비용	11,000	15,000	22,000	28,000	36,000

① 수민이가 1시간 더 일할 때마다 추가로 발생하는 비용은 일정하지 않다.

③ 수민이가 아르바이트로 하루에 최대로 얻을 수 있는 순이익은 14,000원이다.

④ 수민이가 1시간 더 일할 때마다 추가로 발생하는 수입은 7,000원으로 일정하다.

⑤ 수민이가 하루에 4시간 일을 하면 순이익은 13,000원이다.

23 '갑'시에 위치한 B공사 권 대리는 다음과 같은 일정으로 출장을 계획하고 있다. 출장비 지급 내역에 따라 권 대리가 받을 수 있는 출장비의 총액은 얼마인가?

〈지역별 출장비 지급 내역〉

출장 지역	일비	식비
'갑'시	15,000원	15,000원
'갑'시 외 지역	23,000원	17,000원

* 거래처 차량으로 이동할 경우, 일비 5,000원 차감

* 오후 일정 시작일 경우, 식비 7,000원 차감

〈출장 일정〉

출장 일자	지역	출장 시간	이동계획
화요일	'갑'시	09:00~18:00	거래처 배차
수요일	'갑'시 외 지역	10:30~16:00	대중교통
금요일	'갑'시	14:00~19:00	거래처 배차

① 75,000원

② 78,000원

③ 83,000원

④ 85,000원

⑤ 88,000원

✔ 해설 일자별 출장비 지급액을 살펴보면 다음과 같다. 화요일 일정에는 거래처 차량이 지원되므로 5,000원이 차감되며, 금요일 일정에는 거래처 차량 지원과 오후 일정으로 인해 5,000+7,000=12,000원이 차감된다.

출장 일자	지역	출장 시간	이동계획	출장비
화요일	'갑'시	09:00~18:00	거래처 배차	30,000−5,000=25,000원
수요일	'갑'시 외 지역	10:30~16:00	대중교통	40,000원
금요일	'갑'시	14:00~19:00	거래처 배차	30,000−5,000−7,000=18,000원

따라서 출장비 총액은 25,000+40,000+18,000=83,000원이 된다.

┃24~25┃ 공장 주변지역의 농경수 오염에 책임이 있는 기업이 총 70억 원의 예산을 가지고 피해 현황 심사와 보상을 진행한다고 한다. 다음 글을 읽고 물음에 답하시오.

총 500건의 피해가 발생했고, 기업측에서는 실제 피해 현황을 심사하여 보상하기로 하였다. 심사에 소요되는 비용은 보상 예산에서 사용한다. 심사를 통해 좀 더 정확한 피해 규모를 파악할 수 있지만, 그에 따라 소요되는 비용 또한 증가하게 된다.

	1일째	2일째	3일째	4일째
일별 심사 비용(억 원)	0.5	0.7	0.9	1.1
일별 보상대상 제외건수	50	45	40	35

• 보상금 총액＝예산－심사 비용
• 표는 누적수치가 아닌, 하루에 소요되는 비용을 말함
• 일별 심사 비용은 매일 0.2억씩 증가하고 제외건수는 매일 5건씩 감소함
• 제외건수가 0이 되는 날, 심사를 중지하고 보상금을 지급함

24 기업측이 심사를 중지하는 날까지 소요되는 일별 심사 비용은 총 얼마인가?

① 15억 원 ② 15.5억 원
③ 16억 원 ④ 16.5억 원
⑤ 17억 원

✔ **해설** 제외건수가 매일 5건씩 감소한다고 했으므로 11일째 되는 날 제외건수가 0이 되고 일별 심사 비용은 총 16.5억 원이 된다.

25 심사를 중지하고 총 500건에 대해서 보상을 한다고 할 때, 보상대상자가 받는 건당 평균 보상금은 대략 얼마인가?

① 약 1천만 원 ② 약 2천만 원
③ 약 3천만 원 ④ 약 4천만 원
⑤ 약 5천만 원

✔ **해설** (70억－16.5억)/500건＝1,070만 원

26 다음 중, 자연자원과 인공자원으로 구분되는 물적 자원 관리의 중요성을 제대로 인식한 것으로 볼 수 없는 설명은 어느 것인가?

① 자재 관리의 허술함으로 인한 분실 및 훼손 방지를 위해 창고 점검에 대하여 자재팀에 특별 지시를 내린다.

② 긴급 상황을 고려하여 기본 장비는 항상 여분의 것이 있도록 관리하여 대형 사고를 미연에 방지한다.

③ 특별한 사유가 있는 자원이 아닌 경우, 일부 재고를 부담하여 고객의 수요에 반응할 수 있도록 한다.

④ 재난 상황 발생 시 복구 작업용으로 일부 핵심 장비에 대해서는 특별 관리를 실시한다.

⑤ 희소가치가 있는 시설 및 장비의 경우 사용 순위를 뒤로 미루어 자원의 가치를 높이려 노력한다.

> ✔ **해설** ⑤ 긴급 상황이나 재난 상황에서 물적 자원의 관리 소홀이나 부족 등은 더욱 큰 손실을 야기할 수 있으며, 꼭 필요한 상황에서 확보를 위한 많은 시간을 낭비하여 필요한 활동을 하지 못하는 상황이 벌어질 수 있다. 따라서 개인 및 조직에 필요한 물적 자원을 확보하고 적절히 관리하는 것은 매우 중요하다고 할 수 있다. 물적 자원의 희소가치를 높이는 것은 효율적인 사용을 위한 관리 차원에서의 바람직한 설명과는 거리가 멀다.

PART **03**

인성검사

1 인성검사의 목적

(1) 조직 적합성 평가

인성검사는 지원자의 성품을 알고자 하는 것이 아니다. 인사 담당자는 지원자의 어떠한 특성이 발달했는지를 알아보고, 해당 직무의 특성과 조직의 가치관에 얼마나 합치하는지를 평가한다. 직무 수행 능력과 더불어 조직과의 조화, 가치 공유 여부 등이 특히 중요하게 평가된다. 결국 인성검사는 지원자가 조직에 장기적으로 적합한 인재인지 판단하기 위한 목적을 갖는다.

(2) 조직 리스크 관리

인성검사는 문제 행동 가능성이나 스트레스 대처 방식 등을 파악하는 데에 활용된다. 책임감, 정직성, 협업 태도 등은 조직의 안정성과 직결되는 요소이기 때문에 내부 갈등, 윤리 문제, 조기 퇴사 등과 같은 잠재적인 리스크를 줄이기 위해서 시행된다.

(3) 면접과의 연계

인성검사 결과는 이후 면접에서도 긴밀하게 활용된다. 면접관은 인성검사에서 나타난 지원자의 특징과 응답 경향을 바탕으로 실제 행동이 일관되게 나타나는지를 확인한다. 즉, 인성검사는 면접 단계에서 지원자 답변의 진정성을 검증할 기초 자료를 확보하려는 목적을 내포한다.

(4) 공정하고 객관적인 평가 보완

면접은 주관적인 요소가 개인될 수 있다. 인성검사는 이를 보완하기 위한 객관적인 지표의 역할을 한다. 동일한 기준으로 다수의 지원자를 비교할 수 있기 때문에 선발 과정에서 공정성을 높이는 데에 기여를 할 수 있다. 또한 서류나 면접에서 볼 수 없었던 지원자의 성향을 추가적으로 확인이 가능하다.

(5) 인재 관리 및 배치 참고 자료 확보

채용 이후에 인성검사 결과를 통해서 인재를 배치하고 교육 방향을 설정하는 데에 활용이 가능하다. 팀 구성 시 성향을 고려하여 배치하거나 개인별 강·약점을 파악하여 맞춤형 교육설계가 가능하다.

② 인성검사 준비 전략

(1) 기업 인재상 분석

지원 기업의 인재상과 핵심 가치를 사전에 확인해야 한다. 인성검사는 기업 문화 적합도를 평가하는 도구이므로, 기업이 중시하는 성향과 자신의 특성을 비교하는 과정이 필요하다. 이를 통해 과도한 연출 없이도 방향성 있는 응답 기준을 설정할 수 있다.

(2) 직무 성향 파악

같은 기업이라도 직무에 따라 요구되는 성향은 다르다. 예를 들어 영업 직무는 대인관계 적극성과 목표지향성이, 연구 직무는 집중력과 안정성이 상대적으로 중요하다. 지원 직무의 특성을 이해하면 응답 기준을 보다 명확히 정립할 수 있다.

(3) 자기 성향 점검

시험 전 자신의 성향을 객관적으로 정리해보는 과정이 필요하다. 평소 갈등 상황에서의 대응 방식, 규칙 준수 태도, 스트레스 관리 방식 등을 점검하면 응답 일관성을 유지하는 데 도움이 된다. 자기 이해가 부족한 상태에서 시험에 응시할 경우 즉흥적 판단이 늘어날 가능성이 높다.

(4) 모의 문항 연습

유형을 미리 경험하면 시험 당일 긴장을 줄일 수 있다. 특히 반복 문항 구조와 역문항 패턴을 이해하는 연습이 필요하다. 다만 정답을 외우는 방식이 아니라, 자신의 기준을 점검하는 방식으로 연습해야 한다.

(5) 컨디션 관리

인성검사는 장시간 집중을 요구하므로 체력과 집중력 관리가 중요하다. 수면 부족이나 과도한 긴장은 응답 패턴을 흔들 수 있다. 시험 전 충분한 휴식과 안정된 심리 상태를 유지하는 것이 바람직하다.

(1) 성실성

규칙을 잘 지키고 일을 계획적으로 할 수 있는 태도를 말한다. 주요 문항으로는 "하기 싫더라도 주어진 일은 참고 한다", "인내심이 강하다는 말을 듣는다" 등이 있다. 인사 담당자는 성실성이 높은 지원자를 긍정적으로 평가한다. 인내심이 강하고 어려운 업무를 받아도 포기하지 않을 것이라고 생각하기 때문이다.

(2) 이타성

개인보다 공동체의 이익을 강조하는 성향으로, 협동을 중요시하는 조직에서 특히 선호하는 요소이다. "내 일을 끝내면 다른 사람을 돕는다", "봉사나 기부를 하면 뿌듯하다" 등의 문항이 이타성을 평가하는 데 사용된다. 이 타성이 높으면 주로 긍정적인 평가를 받는다. 그러나 과할 경우 타인을 돕는 데 집중하다가 본인의 업무가 지연되거나 처리 효율이 떨어질 수 있다는 우려를 받는다.

(3) 허위성

응답 시 자기 특성을 과도하게 미화하여 표현하려는 성향으로, 입사를 위해 자신을 과장되게 좋은 사람으로 포장하는 경우가 이에 해당한다. 주로 '항상', '한 번도', '언제나' 등의 극단적인 표현이 들어가는 것이 특징이다. 지나치게 꾸며낸 답변은 이후 중복되거나 모순된 문항에 걸리기 쉬우므로 주의한다. 검사에서는 현재의 자신보다 조금 성장한 자신을 표현하는 정도가 적당하다.

> $\overline{\text{TIP}}$ 허위성을 판별하는 질문
> 실제 인성검사에서는 아래와 같은 문항을 통해 지원자가 현실적으로 불가능한 완벽함을 추구하지 않는지 판별한다. 과하게 이상적이거나 인간이라면 있을 수밖에 없는 감정과 실수를 부정하는 질문이 이에 해당한다.
> - 늘 기분이 좋다.
> - 화를 낸 적이 한 번도 없다.
> - 나는 어떤 실수도 반복하지 않는다.
> - 절대 충동적으로 행동하지 않는다.
> - 다른 사람을 부럽다고 생각해 본 적이 없다.

(4) 책임감

자신의 행동이 조직에 미치는 영향을 이해하고 주어진 일을 끝까지 해내는 성향을 의미한다. 주요 문항으로는 "맡은 일은 끝까지 해내려고 하는 편이다", "해야 할 일을 미루지 않으려고 노력한다" 등이 있다. 책임감은 일반적으로 성실성과 신뢰성을 보여주는 지표이므로 긍정적으로 평가된다. 그러나 지나치게 높을 경우 강박적으로 보이기도 한다.

(5) 자기주도성

적극적인 업무 태도와 향상성, 자기 개발 능력 등을 나타내는 정신적 활동력을 말한다. 주요 문항으로는 "하고 싶은 일을 좀처럼 실행할 수 없는 편이다", "새로운 것을 만나면 도전하고 싶다" 등이 있다. 자기주도성이 높은 것은 조직 내 성장 가능성과 책임감을 나타내는 긍정적인 요인이다. 그러나 과도하게 높으면 독단적이거나 의사소통에 문제가 있어 보일 수 있다.

(6) 정서안정성

잦은 감정 기복이나 불안 수준 등의 심리적 안정도를 측정한다. 주요 문항으로는 "실수할까 봐 어떤 일을 시작하는 것이 두렵다", "힘들다고 생각하면 쉽게 그만둔다" 등이 있다. 정서안정성이 높을 경우 감정의 폭이 일정하고 상황을 받아들이는 폭이 넓어 업무 적응력 면에서 긍정적인 요인으로 작용한다.

(7) 조직적응력

조직의 규칙과 문화를 이해하고 협동성을 바탕으로 원활한 사내 관계를 유지할 수 있는지를 측정한다. 주요 문항으로는 "팀의 목표를 위해 개인 의견을 조정할 수 있다", "새로운 환경에 빠르게 적응하는 편이다" 등이 있다. 점수가 높으면 조직 생활과 협업에 유리하게 작용한다.

(8) 준법성

업무를 공정하고 투명하게 처리하며 규칙과 절차를 성실히 따르는 성향으로, 공기업이나 공공기관에서 특히 중요시하는 성향이다. 주요 문항으로는 "규칙보다 개인의 편의를 우선시하는 것은 바람직하지 않다", "법에 어긋나더라도 관행이면 상사의 지시를 따른다" 등이 있다. 점수가 높을수록 신뢰감을 얻지만, 과할 경우 융통성이 부족하다는 인상을 줄 수 있다.

(9) 대인관계능력

타인과 원만하고 협조적인 관계를 형성할 수 있는지를 보여주는 지표이다. 주요 문항으로는 "새로운 사람들과 적응하는 시간이 짧다", "갈등이 생기면 대화를 통해 해결하는 것이 좋다" 등이 있다. 대인관계능력이 높으면 원만한 조직 생활이 가능하므로 긍정적인 평가를 받는다. 하지만 사교적으로 보이기 위해 지나치게 꾸며낸 답변은 오히려 진정성을 의심받을 수 있다.

(10) 문제해결능력

난관이나 갈등 상황에서 원인을 분석하고 현실적인 대안을 모색하여 문제를 해결하는 능력을 측정한다. 주요 문항으로는 "예상치 못한 문제에도 침착하게 대응할 수 있다", "일이 해결될 때까지 어려워도 버텨내는 편이다" 등이 있다. 이러한 능력은 도전적이고 책임감 있는 사람으로 평가받는 데 영향을 준다.

4 인성검사 불합격 요인

(1) 직무부적합

지원 직무를 수행하는 데 필요한 성향이나 역량이 부족하다고 판단되는 경우이다. 세밀함이 요구되는 업무에서 충동적인 성향이나 낮은 주의력이 나타나는 경우가 이에 해당한다. 검사 전 지원 직무에 어울리는 성향을 정확히 이해하는 것이 중요하다.

(2) 조직에 부적합한 성향

조직의 가치관이나 문화와 조화를 이루기 어렵다고 평가되는 경우이다. 협력보다 경쟁을 선호하거나, 규율을 중시하는 환경에서 자유로운 분위기를 선호하는 경우가 이에 해당한다. 지원하는 조직이 원하는 인재상을 미리 파악해 두는 것이 좋다.

(3) 일관적이지 않은 답변

동일하거나 유사한 문항에 상반된 답을 반복적으로 제시한 경우이다. 이는 자신의 성향을 정확히 인식하지 못했거나, 인위적으로 '좋은 인상'을 주려는 의도로 답변했을 가능성을 의미한다. 앞서 언급했듯 최대한 꾸밈없이 일관된 답변을 하는 것이 중요하다.

(4) 극단적 성향

성격 특성이 한쪽으로 지나치게 치우친 경우이다. 자신감이 지나쳐 독단적으로 보이거나, 소극적인 태도가 지나쳐 단호함이 부족해 보이는 경우가 이에 해당한다. 특정 성향이 과도하게 드러나도록 답변하는 것은 바람직하지 않다.

(5) 과도하게 이상적인 인간인 것

과도하게 이상적인 인물로 답하면 문항 간 응답 일관성이 무너져 신뢰도 점수가 낮아질 수 있다. 모든 항목에 극단적으로 긍정 응답을 선택할 경우, 사회적 바람직성 왜곡으로 판단되어 감점 요인이 된다. 완벽한 사람이 아니라 예측 가능한 사람을 선호하기 때문에 과장된 응답은 오히려 탈락 위험을 높인다.

⑤ 인성검사 대응 전략

(1) 솔직하게 답변한다.

인성검사에는 정답 대신 조직에서 바라는 인재상 또는 기대하는 답변이 있을 뿐이다. 이를 염두에 두되, 자신을 과도하게 가공하여 표현하지 않도록 주의한다. 솔직함이 일관성과 진정성을 유지하는 가장 중요한 요소가 된다.

(2) 신속하게 답변한다.

인성검사의 문항 수는 대개 150 ~ 300문항 정도이다. 너무 곰곰이 생각하다가는 문항을 다 읽지 못한 채 시간이 끝나거나, 시간에 쫓겨 대충 답하게 될 수도 있다. 이 점에 유의하여 문항을 본 순간 떠오른 첫 생각을 신속히 마킹하는 것이 바람직하다.

(3) 일관성 있게 답변한다.

실제 인사 담당자 인터뷰에 따르면, 인성검사에서 일관성 없는 답변을 한 지원자가 감점되어 탈락한 사례가 많다. 과장되거나 거짓된 응답은 결국 문항 간 모순으로 드러난다. 따라서 상기한 대로 솔직하고 일관성 있게 대답하는 것이 좋다.

(4) 반복해서 연습한다.

인성검사는 세세한 부분은 달라도 전체 구조나 패턴이 유사하다. 긴 시간 집중력을 유지하고 체력을 분배하기 위해 사전에 다양한 모의고사를 치러보며 마킹까지 끝낼 수 있도록 반복해서 연습하는 것이 좋다. 반복 연습은 사고의 일관성과 반응 속도를 높이는 데 도움이 된다.

(5) 인재상에 맞는 방향성을 설정한다.

인성검사는 기업이 추구하는 인재상과의 적합도를 확인하는 과정인 만큼 해당 기업의 핵심가치, 기업 철학 등을 파악하고 그에 부합하는 성격을 설정하는 것이 도움이 된다. 실제로 일부 지원자는 모니터 옆에 지원하는 기업의 인재상을 붙여 두고, 해당 기준에 따라 일관된 태도를 유지하며 답변하는 전략을 사용한다. 다만 주지하다시피 현실적인 범위 내에서 진정성을 유지하는 것이 중요하다.

(6) 면접에 적용한다.

인성검사 결과는 면접에 사용된다. 만일 정직성이 의심된다면 면접에서 그 부분을 기반으로 한 질문을 받게 될 것이다. 인성검사에서 자신을 어떤 사람으로 표현했는지 잘 기억하며 면접에서도 같은 방향성을 유지하는 것이 좋다. 기업의 인재상과 자신의 인성검사 답변을 정리하여 면접 준비에 활용하도록 한다.

02 성향별 대응 전략

❶ 심리적 측면

(1) 민감성

① **특징** : 꼼꼼함, 섬세함 등의 요소를 통해 얼마나 정서적으로 안정되었는지를 측정한다. 적당한 민감성은 세심하고 감수성이 풍부하다는 장점으로 이어질 수 있다.

② **면접 시 유의점**

　㉠ **민감성이 높은 경우** : 인사 담당자는 동료와의 관계 유지나 스트레스 대응력 등을 우려할 수 있다. 따라서 타인의 감정에 잘 공감하고 배려하는 소통 능력을 강조하는 것이 좋다.

　㉡ **민감성이 낮은 경우** : 주변의 변화나 타인의 감정에 둔감하다는 인상을 줄 수 있다. 상대의 의견을 충분히 경청하고 상황 변화에 유연하게 대응해 온 경험을 드러내는 것이 좋다.

(2) 과민성

① **특징** : 예상치 못한 어려움이 발생했을 때 부정적인 감정을 얼마나 크게 받아들이는지를 측정한다. 문제에 예민하게 반응하거나 스스로를 비난하고 책망하는 경향 등이 포함된다.

② **면접 시 유의점**

　㉠ **과민성이 높은 경우** : 비관적인 성격으로 예상될 가능성이 있다. 문제 상황에서 침착하게 대처하고 스트레스를 균형 있게 조절할 수 있음을 어필하는 것이 좋다.

　㉡ **과민성이 낮은 경우** : 감정에 흔들리지 않고 안정된 대인 관계를 유지할 수 있는 사람으로 평가받을 수 있다. 그러나 과도하게 낮다면 자기중심적으로 보일 수 있으므로 사교적이고 긍정적인 태도를 어필하는 것이 좋다.

(3) 불안성

① 특징 : 기분의 굴곡이 얼마나 큰지 측정하는 항목이다. 새로운 상황이나 예기치 못한 변화가 발생했을 때 정서적으로 얼마나 흔들리는지를 파악하고자 한다.

② 면접 시 유의점

   ㉠ 불안성이 높은 경우 : 불안성이 높은 사람은 의지보다 감정에 따라 행동하기 쉽다. 그러므로 불안성 점수가 높은 지원자는 감정 조절 능력을 강조하고 차분한 태도로 면접에 임하는 것이 좋다.

   ㉡ 불안성이 낮은 경우 : 쉽게 일비일희하지 않아 안정적으로 성과를 낼 수 있는 지원자로 보일 수 있다. 그러므로 면접에서도 이러한 장점을 적절히 부각하여 신뢰감을 주는 것이 좋다.

(4) 독자성

① 특징 : 주변에 대한 견해나 관심보다는 자신의 관점과 느낌을 중요하게 생각하는 개인성의 정도를 측정한다. 주로 독자성이 낮을수록 상식적이며 일반적인 판단 기준에 따라 행동한다고 본다.

② 면접 시 유의점

   ㉠ 독자성이 높은 경우 : 독창적이고 자율적인 사고를 강조할 수 있지만, 규범이나 절차를 중시하는 조직 환경에서는 적응에 어려움을 겪을 가능성이 있다. 해당 경우 협업 과정에서 타인의 의견을 수용하고 조직의 기준을 존중하는 태도를 보이는 것이 좋다.

   ㉡ 독자성이 낮은 경우 : 지나치게 수동적으로 보이지 않아야 한다. 필요한 상황에서는 스스로 판단하고 의견을 제시할 수 있음을 함께 어필하는 것이 좋다.

(5) 자신감

① 특징 : 자신의 능력과 가치를 얼마나 긍정적으로 인식하고 있는지 측정한다. 적정 수준의 자신감 표출은 도전 의지와 안정된 자기 효능감으로 이어질 수 있다.

② 면접 시 유의점

   ㉠ 자신감이 높은 경우 : 자신감 점수가 너무 높으면 오만하게 보일 수 있다. 따라서 겸손한 태도와 함께 타인의 의견을 존중하며 협력한 경험을 제시해 균형 잡힌 인상을 주는 것이 좋다.

   ㉡ 자신감이 낮은 경우 : 소극적이거나 쉽게 좌절할 것으로 평가될 수 있다. 이때는 맡은 일을 책임감 있게 완수한 경험과 꾸준히 발전해 온 모습을 강조하는 것이 좋다.

(6) 고양성

① **특징** : 자유분방함, 명랑함 등과 같은 정서적 활성도를 측정한다. 기본적인 정서적 에너지 수준과 대인 상황에서의 자기표현 방식을 파악하고자 한다.

② **면접 시 유의점**

    ㉠ **고양성이 높은 경우** : 착실함과 집중력이 요구되는 직무에서 산만하다는 인상을 남길 수 있으므로 주의가 필요하다. 필요할 때는 착실하고 책임감 있게 업무를 수행할 수 있음을 어필하는 것이 좋다.

    ㉡ **고양성이 낮은 경우** : 안정적인 태도와 일관된 업무 수행력이 기대되나, 지나치게 낮은 경우에는 감정표현이 다소 부족해 보일 수 있다. 차분한 모습으로 소통 면에서의 신뢰감을 주면 좋다.

(7) 진위성

① **특징** : 자신을 필요 이상으로 좋게 포장하거나 기업체가 바라는 이상적인 대답을 하고 있지는 않은지 측정한다. 지원자의 진정성과 일관성을 파악하고자 한다.

② **면접 시 유의점**

    ㉠ **진위성이 높은 경우** : 정직하고 외부의 압력과 스트레스에도 흔들리지 않는 사람으로 평가받을 수 있다. 이러한 긍정적인 면을 일관되게 유지하여 면접에 임하는 것이 좋다.

    ㉡ **진위성이 낮은 경우** : 과장되거나 인위적인 답변을 했다는 인상을 줄 수 있다. 솔직하고 꾸며내지 않은 경험을 제시하여 진정성을 드러내고 신뢰를 회복하는 것이 중요하다.

② 행동적 측면

(1) 신중성

① 특징 : 의사결정이나 행동을 취하기 전에 얼마나 면밀히 사고하고 판단하는지를 측정하며, 계획적이고 체계적으로 접근하려 하는 성향을 포함한다.

② 면접 시 유의점

    ㉠ 신중성이 높은 경우 : 완벽주의 성향으로 인해 업무 효율성이 저하되거나 변화 대응력이 부족할 것이라는 인상을 줄 수 있다. 신중성뿐만 아니라 추진력 또한 갖추었음을 어필하는 것이 좋다.

    ㉡ 신중성이 낮은 경우 : 빠른 실행력을 장점으로 제시하되, 충동적이고 경솔한 유형이라는 평가를 받지 않도록 중요한 결정 시에는 충분한 검토 과정을 거친다는 점을 함께 설명하는 것이 좋다.

(2) 지속성

① 특징 : 목표를 설정한 후 그것을 달성하기 위해 지속적으로 노력을 기울이는 정도를 측정한다. 난관이나 장애물에 직면했을 때도 쉽게 포기하지 않고 끝까지 과업을 완수하려는 태도가 이에 해당한다.

② 면접 시 유의점

    ㉠ 지속성이 높은 경우 : 인내심이 많지만 특정 업무에만 몰두하여 유연한 업무 처리가 어려울 것이라는 우려를 남긴다. 상황에 따라 우선순위를 조정하는 유연성을 어필하는 것이 좋다.

    ㉡ 지속성이 낮은 경우 : 쉽게 포기하거나 끈기가 부족하다는 인상을 줄 수 있다. 그러므로 맡은 일을 끝까지 책임지고 마무리할 의지가 있다는 점을 분명하게 전달하는 것이 좋다.

(3) 침착성

① 특징 : 예상치 못한 상황이나 압박 속에서도 감정 동요 없이 차분하게 행동할 수 있는지를 측정한다. 위기 상황에서 냉정함을 유지하며 합리적인 판단을 내리는 능력과 관련이 있다.

② 면접 시 유의점

    ㉠ 침착성이 높은 경우 : 신중하게 계획을 세워 안정적으로 업무를 수행할 것이라고 평가된다. 차분하게 면접에 임하여 이러한 강점을 입증하되, 소극적이거나 열정이 부족해 보이지 않도록 주의한다.

    ㉡ 침착성이 낮은 경우 : 충분한 검토 없이 즉각적으로 행동하는 유형으로 해석될 수 있다. 인사 담당자에게 경솔하다는 인상을 줄 수 있으므로 사려 깊고 신중한 태도를 충분히 드러내는 것이 좋다.

(4) 신체활동성

① **특징** : 신체적인 에너지를 활용하는 활동에 대한 선호와 의지 정도를 측정한다. 활동적 환경과 정적인 환경 중 어떤 상황에서 더 안정적으로 행동하는지를 파악한다.

② **면접 시 유의점**

　　㉠ **신체활동성이 높은 경우** : 적극적이고 추진력 있다는 인상을 줄 수 있다. 그러나 집중력과 신중함이 필요한 업무에서는 부정적인 요인으로 평가될 수도 있다. 활동을 통해 얻은 구체적인 성과를 강조하고, 상황에 따라 유연하게 대응하는 능력을 어필하는 것이 좋다.

　　㉡ **신체활동성이 낮은 경우** : 차분하고 안정적인 태도를 지닐 것으로 기대되지만, 자칫 에너지가 부족해 보일 수도 있다. 맡은 일에 적극적으로 성과를 내고자 하는 태도를 강조해 균형 잡힌 이미지를 전달하는 것이 좋다.

(5) 사회적 내향성

① **특징** : 대인 관계 시 나타나는 개방성과 사교성 등을 측정한다. 낯선 상황에서 타인과 상호작용하는 방식, 의사 표현의 적극성, 협업 시 보이는 관계 형성 패턴 등을 파악한다.

② **면접 시 유의점**

　　㉠ **사회적 내향성이 높은 경우** : 조용하고 신중한 태도를 보이는 경향이 있다. 과묵하게 보이지 않도록 배려와 경청을 기반으로 한 의사소통 방식을 자연스럽게 드러내어 협업에 문제없다는 인상을 주는 것이 좋다.

　　㉡ **사회적 내향성이 낮은 경우** : 자기주장이 강하거나 협조성이 부족하다는 평가를 받을 수 있다. 면접 상황에서 발언 비중을 조절하고 경청의 태도를 보이면 안정감을 줄 수 있다.

③ 의욕적 측면

(1) 달성의욕

① 특징 : 자신이 설정한 목표를 이루기 위해 노력하고자 하는 성취 지향적인 태도를 측정한다. 높은 이상이나 뚜렷한 목적의식을 가졌는지를 판별한다.

② 면접 시 유의점

- ㉠ 달성의욕이 높은 경우 : 자기 계발 의지 및 경쟁심 등으로 연결될 수 있어 대부분의 조직에서 긍정적으로 평가된다. 다만 점수가 지나치게 높은 경우 독단적이거나 고집이 세 보일 수 있으므로 수용적인 태도를 함께 갖추는 것이 좋다.
- ㉡ 달성의욕이 낮은 경우 : 도전 의지가 부족하거나 목표 설정에 소극적인 인상을 줄 수 있다. 주어진 역할을 꾸준히 수행하여 안정적인 성취를 이룬 경험을 드러내는 것이 좋다.

(2) 활동의욕

① 특징 : 목표를 위해 정신적인 에너지를 발휘하고 적극적으로 행동하려는 활동력 및 추진력을 측정한다. 새로운 일을 마주했을 때 빠르게 움직이고, 상황을 주도적으로 이끄는 것이 이에 해당한다.

② 면접 시 유의점

- ㉠ 활동의욕이 높은 경우 : 대개 상황 판단이 빠르고 실행 능력이 뛰어나다고 평가받는다. 다만 상황에 맞춰 의욕을 조절할 수 있음을 함께 보여 이러한 성향이 과도한 성급함으로 해석되지 않도록 하는 것이 좋다.
- ㉡ 활동의욕이 낮은 경우 : 신중하고 차분한 특성이 강조된다. 소극적인 인재로 해석될 가능성이 있으므로 업무 진행 과정에서 주도성을 발휘할 수 있다는 태도를 보이는 것이 좋다.

TIP 인재상과 나의 실제 성격이 다를 때

기업체의 인재상과 나의 실제 성격이 다를 수 있다. 그럴 때는 자신의 성향을 해석하고 전달하는 방식을 바꾸어 인재상과 연결 짓도록 한다.

- 사회적 내향성이 높은 성격이지만 협동력과 대인관계능력을 중요시하는 인재상을 요구받을 수 있다. 이 경우 내성적이지만 경청을 잘해 갈등 중재에 뛰어나다는 점을 강조한다.
- 사회적 내향성이 낮고 신체활동성이 높아서 성실성을 강조하는 인재상에 맞지 않는 경우가 있다. 이 경우 체력을 기반으로 꾸준히 노력할 수 있는 인재라는 점을 어필한다.

인성검사의 예시

1 인성검사 유형

(1) 복합형

복합형 인성검사는 하나의 문항 안에 서로 다른 성향을 암시하는 질문을 제시하여 응답자가 어떤 특성을 우선시하는지 확인하는 유형이다. 즉, 응답자의 성향이 얼마나 일관된 기준을 중심으로 정리되어 있는지를 통해 응답자의 균형감각과 우선순위 설정 능력 등을 확인하는 데에 활용된다.

(2) 생각일치형

생각일치형 인성검사는 개인의 가치관, 신념, 사고방식이 어떤 형태를 띠고 있는지 판단하는 유형이다. 주로 업무 태도, 인간관계, 문제 해결 방식과 같이 인지적 판단이 개입되는 영역을 다루는 문항이 출제된다. 이를 통해 지원자의 생각이 상황에 따라 쉽게 바뀌는지, 혹은 일정한 기준에 따라 논리적으로 사고하는지를 확인하고자 한다.

(3) 행동일치형

행동일치형 인성검사는 지원자의 실제 행동 경향을 중심으로 성향을 판단하는 유형이다. 생각이나 태도와 달리 행동은 비교적 꾸며내기 어렵다는 점에서 중요한 평가 자료로 활용될 수 있다. 이 유형은 '어떻게 생각하는가'보다는 '실제로 어떻게 행동해 왔는가'를 기준으로 성향을 파악한다. 즉, 지원자의 실천 가능성과 지속성 등을 중점적으로 평가한다.

(4) 진위형

진위형 인성검사는 문항에 대해 '그렇다/아니다'와 같은 구조로 이분법적 선택을 요구하는 유형이다. 문항 자체는 비교적 단순해 보일 수 있으나, 동일하거나 유사한 내용이 반복적으로 제시되며 응답의 진실성과 일관성을 검증하는 데에 자주 활용된다.

(1) 응답 요령

복합형 응답법

- 응답 Ⅰ : 각각의 문항에 대해 자신이 동의하는 정도를 ① (전혀 그렇지 않다) ~ ⑤ (매우 그렇다)로 표시한다.
- 응답 Ⅱ : 제시된 문항들을 비교하여 상대적으로 자신의 성격과 가장 가까운 문항 하나와 가장 거리가 먼 문항 하나를 선택한다. 응답 Ⅱ는 가깝다 한 개, 멀다 한 개, 무응답 두 개여야 한다.

(2) 예시 및 해설

질문	응답 Ⅰ ① ② ③ ④ ⑤	응답 Ⅱ 멀다 가깝다
A. 무슨 일도 좀처럼 시작하지 못 한다.		
B. 초면인 사람과도 바로 친해질 수 있다.		
C. 행동하고 나서 생각하는 편이다.		
D. 쉬는 날은 집에 있는 경우가 많다		

〈문항 해설〉

A. 자신감을 구분하는 문항이다.
B. 사회적 내향성을 구분하는 문항이다.
C. 신중성을 구분하는 문항이다.
D. 신체활동성을 구분하는 문항이다.

(3) 응답 전략

① 다양한 응답 유형 사이에서도 일관성을 유지하는 것이 중요하다. 문항 전체에서 흔들리지 않는 핵심 가치를 하나 잡고 응답을 이어 나가는 것이 도움 될 수 있다.

② 모든 항목에서 '매우 그렇다/매우 아니다'를 선택하면 신뢰도가 떨어지고 진정성을 의심받을 수 있다. 너무 이상적이거나 완벽한 사람처럼 보이는 응답은 되도록 피한다.

③ 상황에 따라 유연하게 판단할 수 있다는 인상을 주되, 책임 회피형 응답은 피한다.

③ 생각일치형 응답 요령과 예시

(1) 응답 요령

생각일치형 응답법

제시된 네 가지 질문 중에서 자신과 가장 가깝다고 생각하는 질문에 '가깝다', 자신과 가장 멀다고 생각하는 질문에 '멀다'로 각각 선택한다. 응답은 가깝다 한 개, 멀다 한 개, 무응답 두 개여야 한다.

(2) 예시 및 해설

질문	가깝다	멀다
나는 계획적으로 일을 하는 것을 좋아한다.		
나는 꼼꼼하게 일을 마무리하는 편이다.		
나는 새로운 방법으로 문제를 해결하는 것을 좋아한다.		
나는 빠르고 신속하게 일을 처리해야 마음이 편하다.		

〈문항 해설〉

질문 : 업무 수행에서의 방식·태도·정밀도·속도에 대한 선호를 비교하여 신중성의 수준을 구분하는 문항이다.

(3) 응답 전략

① 유사한 맥락의 문항을 반복적으로 물어 일관성을 확인하는 유형이다. 비슷한 문항은 의미 단위로 기억하여 일관적인 답변을 제시하도록 한다.

② 의미상 양극단의 문항(ex. 나는 꼼꼼하게 일을 마무리하는 편이다/나는 세심하지 못한 편이다)에 모순되는 답변을 하지 않도록 특히 주의한다.

③ 너무 극단적으로 보일 수 있는 문항은 되도록 선택을 피하는 것이 좋다.

(1) 응답 요령

행동일치형 응답법

제시된 ① ~ ④ 질문 중에서 자신과 가장 가깝다고 생각하는 것은 ㄱ에 표시하고, 자신과 가장 멀다고 생각하는 것은 ㅁ에 표시한다.

(2) 예시 및 해설

1	① 아무것도 생각하지 않을 때가 많다.	ㄱ ①②③④
	② 스포츠는 하는 것보다 보는 게 좋다.	
	③ 성격이 급한 편이다.	ㅁ ①②③④
	④ 비가 오지 않으면 우산을 가지고 가지 않는다.	

〈문항 해설〉

① 활동의욕을 구분하는 문항이다.
② 신체활동성을 구분하는 문항이다.
③ 침착성을 구분하는 문항이다.
④ 신중성을 구분하는 문항이다.

(3) 응답 전략

① 행동 양상을 분석해서 생각과의 일관성을 판단하는 유형이다. 생각과 행동이 일치할 때 설득력이 높아짐에 유의한다.

② 지원하는 직무의 역할과 맥락을 고려하여, 태도에서 강조한 강점이 행동 사례에서도 입증되도록 응답한다.

③ 너무 극단적인 표현이나 단정 짓는 어조를 가진 문항에 주의하여 응답한다.

5 **진위형 응답 요령과 예시**

(1) 응답 요령

진위형 응답법

제시된 질문을 읽은 다음 자신에게 해당하는 것이라면 YES를 선택하고, 해당하지 않는다면 NO를 선택한다.

(2) 예시 및 해설

질문	YES	NO
1. 집에 머무는 시간보다 밖에서 활동하는 시간이 더 많은 편이다.		
2. 자주 생각이 바뀌는 편이다.		
3. 사람들과 관계 맺는 것을 잘하지 못한다.		
4. 끈기가 있는 편이다.		
5. 인생의 목표는 큰 것이 좋다.		

〈문항 해설〉
1. 신체활동성을 구분하는 문항이다.
2. 신중성을 구분하는 문항이다.
3. 사회적 내향성을 구분하는 문항이다.
4. 지속성을 구분하는 문항이다.
5. 달성의욕을 구분하는 문항이다.

(3) 응답 전략

① 단순 양자택일의 유형이므로 극단적인 진술이 되지 않도록 특히 주의한다.

② 조직의 인재상에 부합하는 중요한 가치에는 일관된 긍정 답변을 제시하는 것이 좋다.

③ 약한 수준의 부정적 성향을 묻는 문항(ex. 나는 <u>가끔</u> 우울하다)에는 솔직하게 긍정해서 진정성을 드러내는 것이 좋다.

⑥ 상황판단형 응답 요령과 예시

(1) 응답 요령

상황판단형 응답법

상황판단형은 개인의 감정보다 조직 기준에 부합하는 행동을 선택하는 것이 중요하다. 무조건적인 반항, 무조건적인 복종과 같은 극단적인 행동은 감점 요인이 될 수 있다. 문항에서 제시된 상황의 맥락을 먼저 파악한 뒤, 책임성과 협업성을 동시에 고려해야 한다.

(2) 예시 및 해설

문항 질문 : 상사가 규정을 다소 위반하는 방식으로 업무를 처리하라고 지시하였다. 당신의 행동으로 가장 적절한 것은 무엇인가?
① 지시에 따르되, 문제 발생 시 책임은 상사에게 전가한다.
② 규정 위반이므로 즉시 거부하고 문제를 외부 기관에 신고한다.
③ 우선 상사에게 규정 위반 가능성을 설명하고 대안을 제시한다.
④ 지시에 따르되, 별다른 의견은 제시하지 않는다.

〈문항 해설〉
① 책임 회피적 태도로 판단될 수 있으며 조직 신뢰성 측면에서 부정적으로 평가될 가능성이 있다.
② 원칙 중심적 태도는 긍정적이나, 조직 내 해결 노력 없이 즉각 외부 신고를 선택하는 것은 협업성 부족으로 해석될 수 있다.
③ 규정을 존중하면서도 상사와의 소통을 통해 해결을 시도하는 방식으로, 책임감 · 의사소통 능력 · 조직 적응성을 동시에 보여주는 선택이다.
④ 갈등을 회피하고 수동적으로 따르는 태도로 평가될 수 있으며, 문제 해결 능력이 낮게 판단될 가능성이 있다.

(3) 응답 전략

① 상황의 핵심 갈등 요소를 먼저 파악해야 한다.

② 조직 질서를 존중하되 소통과 문제 해결 노력을 포함한 선택지를 우선 고려한다.

③ 감정적 대응이나 책임 회피형 선택은 지양하고, 책임 · 협업 · 합리성이 균형을 이루는 답안을 선택하는 것이 바람직하다.

실전 인성검사

┃1~175┃ 다음 각 문항들을 처음부터 끝까지 잘 읽은 후 솔직하게 답하시오.

① 매우 그렇다.　　② 그렇다.　　③ 그렇지 않다.　　④ 매우 그렇지 않다.

1. 조금이라도 나쁜 소식은 절망의 시작이라고 생각해버린다. ············· ①②③④

2. 언제나 실패가 걱정이 되어 어쩔 줄 모른다. ············· ①②③④

3. 다수결의 의견에 따르는 편이다. ············· ①②③④

4. 혼자서 커피숍에 들어가는 것은 전혀 두려운 일이 아니다. ············· ①②③④

5. 승부근성이 강하다. ············· ①②③④

6. 자주 흥분해서 침착하지 못하다. ············· ①②③④

7. 지금까지 살면서 타인에게 폐를 끼친 적이 없다. ············· ①②③④

8. 소곤소곤 이야기하는 것을 보면 자기에 대해 험담하고 있는 것으로 생각된다. ············· ①②③④

9. 무엇이든지 자기가 나쁘다고 생각하는 편이다. ············· ①②③④

10. 자신을 변덕스러운 사람이라고 생각한다. ············· ①②③④

11. 고독을 즐기는 편이다. ············· ①②③④

12. 자존심이 강하다고 생각한다. ············· ①②③④

13. 금방 흥분하는 성격이다. ············· ①②③④

14. 거짓말을 한 적이 없다. ············· ①②③④

15. 신경질적인 편이다. ············· ①②③④

16. 끙끙대며 고민하는 타입이다. ············· ①②③④

17. 감정적인 사람이라고 생각한다. ············· ①②③④

18. 자신만의 신념을 가지고 있다. ············· ①②③④

19. 다른 사람을 바보 같다고 생각한 적이 있다. ··· ① ② ③ ④

20. 금방 말해버리는 편이다. ··· ① ② ③ ④

21. 싫어하는 사람이 없다. ··· ① ② ③ ④

22. 대재앙이 오지 않을까 항상 걱정을 한다. ··· ① ② ③ ④

23. 쓸데없는 고생을 사서 하는 일이 많다. ··· ① ② ③ ④

24. 자주 생각이 바뀌는 편이다. ··· ① ② ③ ④

25. 문제점을 해결하기 위해 여러 사람과 상의한다. ··· ① ② ③ ④

26. 내 방식대로 일을 한다. ··· ① ② ③ ④

27. 영화를 보고 운 적이 많다. ··· ① ② ③ ④

28. 어떤 것에 대해서도 화낸 적이 없다. ··· ① ② ③ ④

29. 사소한 충고에도 걱정을 한다. ··· ① ② ③ ④

30. 자신은 도움이 안되는 사람이라고 생각한다. ··· ① ② ③ ④

31. 금방 싫증을 내는 편이다. ··· ① ② ③ ④

32. 개성적인 사람이라고 생각한다. ··· ① ② ③ ④

33. 자기 주장이 강한 편이다. ··· ① ② ③ ④

34. 산만하다는 말을 들은 적이 있다. ··· ① ② ③ ④

35. 학교를 쉬고 싶다고 생각한 적이 한 번도 없다. ··· ① ② ③ ④

36. 사람들과 관계맺는 것을 보면 잘하지 못한다. ··· ① ② ③ ④

37. 사려깊은 편이다. ··· ① ② ③ ④

38. 몸을 움직이는 것을 좋아한다. ··· ① ② ③ ④

39. 끈기가 있는 편이다. ··· ① ② ③ ④

40. 신중한 편이라고 생각한다. ··· ① ② ③ ④

41. 인생의 목표는 큰 것이 좋다. ··· ① ② ③ ④

42. 어떤 일이라도 바로 시작하는 타입이다. ··· ① ② ③ ④

43. 낯가림을 하는 편이다. ··· ① ② ③ ④

44. 생각하고 나서 행동하는 편이다. ① ② ③ ④

45. 쉬는 날은 밖으로 나가는 경우가 많다. ① ② ③ ④

46. 시작한 일은 반드시 완성시킨다. ① ② ③ ④

47. 면밀한 계획을 세운 여행을 좋아한다. ① ② ③ ④

48. 야망이 있는 편이라고 생각한다. ① ② ③ ④

49. 활동력이 있는 편이다. ① ② ③ ④

50. 많은 사람들과 왁자지껄하게 식사하는 것을 좋아하지 않는다. ① ② ③ ④

51. 돈을 허비한 적이 없다. ① ② ③ ④

52. 운동회를 아주 좋아하고 기대했다. ① ② ③ ④

53. 하나의 취미에 열중하는 타입이다. ① ② ③ ④

54. 모임에서 회장에 어울린다고 생각한다. ① ② ③ ④

55. 입신출세의 성공이야기를 좋아한다. ① ② ③ ④

56. 어떠한 일도 의욕을 가지고 임하는 편이다. ① ② ③ ④

57. 학급에서는 존재가 희미했다. ① ② ③ ④

58. 항상 무언가를 생각하고 있다. ① ② ③ ④

59. 스포츠는 보는 것보다 하는 게 좋다. ① ② ③ ④

60. '참 잘했네요'라는 말을 듣는다. ① ② ③ ④

61. 흐린 날은 반드시 우산을 가지고 간다. ① ② ③ ④

62. 주연상을 받을 수 있는 배우를 좋아한다. ① ② ③ ④

63. 공격하는 타입이라고 생각한다. ① ② ③ ④

64. 리드를 받는 편이다. ① ② ③ ④

65. 너무 신중해서 기회를 놓친 적이 있다. ① ② ③ ④

66. 시원시원하게 움직이는 타입이다. ① ② ③ ④

67. 야근을 해서라도 업무를 끝낸다. ① ② ③ ④

68. 누군가를 방문할 때는 반드시 사전에 확인한다. ① ② ③ ④

69. 노력해도 결과가 따르지 않으면 의미가 없다. ··································· ① ② ③ ④

70. 무조건 행동해야 한다. ·· ① ② ③ ④

71. 유행에 둔감하다고 생각한다. ·· ① ② ③ ④

72. 정해진 대로 움직이는 것은 시시하다. ··· ① ② ③ ④

73. 꿈을 계속 가지고 있고 싶다. ·· ① ② ③ ④

74. 질서보다 자유를 중요시하는 편이다. ··· ① ② ③ ④

75. 혼자서 취미에 몰두하는 것을 좋아한다. ··· ① ② ③ ④

76. 직관적으로 판단하는 편이다. ·· ① ② ③ ④

77. 영화나 드라마를 보면 등장인물의 감정에 이입된다. ························· ① ② ③ ④

78. 시대의 흐름에 역행해서라도 자신을 관철하고 싶다. ························· ① ② ③ ④

79. 다른 사람의 소문에 관심이 없다. ··· ① ② ③ ④

80. 창조적인 편이다. ·· ① ② ③ ④

81. 비교적 눈물이 많은 편이다. ··· ① ② ③ ④

82. 융통성이 있다고 생각한다. ·· ① ② ③ ④

83. 친구의 휴대전화 번호를 잘 모른다. ··· ① ② ③ ④

84. 스스로 고안하는 것을 좋아한다. ··· ① ② ③ ④

85. 정이 두터운 사람으로 남고 싶다. ··· ① ② ③ ④

86. 조직의 일원으로 별로 안 어울린다. ··· ① ② ③ ④

87. 세상의 일에 별로 관심이 없다. ··· ① ② ③ ④

88. 변화를 추구하는 편이다. ··· ① ② ③ ④

89. 업무는 인간관계로 선택한다. ·· ① ② ③ ④

90. 환경이 변하는 것에 구애되지 않는다. ·· ① ② ③ ④

91. 불안감이 강한 편이다. ·· ① ② ③ ④

92. 인생은 살 가치가 없다고 생각한다. ··· ① ② ③ ④

93. 의지가 약한 편이다. ·· ① ② ③ ④

94. 다른 사람이 하는 일에 별로 관심이 없다. ································ ① ② ③ ④

95. 사람을 설득시키는 것은 어렵지 않다. ································ ① ② ③ ④

96. 심심한 것을 못 참는다. ································ ① ② ③ ④

97. 다른 사람을 욕한 적이 한 번도 없다. ································ ① ② ③ ④

98. 다른 사람에게 어떻게 보일지 신경을 쓴다. ································ ① ② ③ ④

99. 금방 낙심하는 편이다. ································ ① ② ③ ④

100. 다른 사람에게 의존하는 경향이 있다. ································ ① ② ③ ④

101. 그다지 융통성이 있는 편이 아니다. ································ ① ② ③ ④

102. 다른 사람이 내 의견에 간섭하는 것이 싫다. ································ ① ② ③ ④

103. 낙천적인 편이다. ································ ① ② ③ ④

104. 숙제를 잊어버린 적이 한 번도 없다. ································ ① ② ③ ④

105. 밤길에는 발소리가 들리기만 해도 불안하다. ································ ① ② ③ ④

106. 상냥하다는 말을 들은 적이 있다. ································ ① ② ③ ④

107. 자신은 유치한 사람이다. ································ ① ② ③ ④

108. 잡담을 하는 것보다 책을 읽는 게 낫다. ································ ① ② ③ ④

109. 나는 영업에 적합한 타입이라고 생각한다. ································ ① ② ③ ④

110. 술자리에서 술을 마시지 않아도 흥을 돋울 수 있다. ································ ① ② ③ ④

111. 한 번도 병원에 간 적이 없다. ································ ① ② ③ ④

112. 나쁜 일은 걱정이 되어서 어쩔 줄을 모른다. ································ ① ② ③ ④

113. 금세 무기력해지는 편이다. ································ ① ② ③ ④

114. 비교적 고분고분한 편이라고 생각한다. ································ ① ② ③ ④

115. 독자적으로 행동하는 편이다. ································ ① ② ③ ④

116. 적극적으로 행동하는 편이다. ································ ① ② ③ ④

117. 금방 감격하는 편이다. ································ ① ② ③ ④

118. 어떤 것에 대해서는 불만을 가진 적이 없다. ································ ① ② ③ ④

119. 밤에 못 잘 때가 많다. ··· ① ② ③ ④

120. 자주 후회하는 편이다. ·· ① ② ③ ④

121. 뜨거워지기 쉽고 식기 쉽다. ··· ① ② ③ ④

122. 자신만의 세계를 가지고 있다. ·· ① ② ③ ④

123. 많은 사람 앞에서도 긴장하는 일은 없다. ·· ① ② ③ ④

124. 말하는 것을 아주 좋아한다. ·· ① ② ③ ④

125. 인생을 포기하는 마음을 가진 적이 한 번도 없다. ································· ① ② ③ ④

126. 어두운 성격이다. ··· ① ② ③ ④

127. 금방 반성한다. ··· ① ② ③ ④

128. 활동범위가 넓은 편이다. ·· ① ② ③ ④

129. 자신을 끈기 있는 사람이라고 생각한다. ·· ① ② ③ ④

130. 좋다고 생각하더라도 좀 더 검토하고 나서 실행한다. ····························· ① ② ③ ④

131. 위대한 인물이 되고 싶다. ·· ① ② ③ ④

132. 한 번에 많은 일을 떠맡아도 힘들지 않다. ··· ① ② ③ ④

133. 사람과 만날 약속은 부담스럽다. ··· ① ② ③ ④

134. 질문을 받으면 충분히 생각하고 나서 대답하는 편이다. ·························· ① ② ③ ④

135. 머리를 쓰는 것보다 땀을 흘리는 일이 좋다. ·· ① ② ③ ④

136. 결정한 것에는 철저히 구속받는다. ·· ① ② ③ ④

137. 외출 시 문을 잠갔는지 몇 번을 확인한다. ··· ① ② ③ ④

138. 이왕 할 거라면 일등이 되고 싶다. ·· ① ② ③ ④

139. 과감하게 도전하는 타입이다. ··· ① ② ③ ④

140. 자신은 사교적이 아니라고 생각한다. ·· ① ② ③ ④

141. 무심코 도리에 대해서 말하고 싶어진다. ··· ① ② ③ ④

142. '항상 건강하네요'라는 말을 듣는다. ·· ① ② ③ ④

143. 단념하면 끝이라고 생각한다. ··· ① ② ③ ④

144. 예상하지 못한 일은 하고 싶지 않다. ····· ① ② ③ ④

145. 파란만장하더라도 성공하는 인생을 걷고 싶다. ····· ① ② ③ ④

146. 활기찬 편이라고 생각한다. ····· ① ② ③ ④

147. 소극적인 편이라고 생각한다. ····· ① ② ③ ④

148. 무심코 평론가가 되어 버린다. ····· ① ② ③ ④

149. 자신은 성급하다고 생각한다. ····· ① ② ③ ④

150. 꾸준히 노력하는 타입이라고 생각한다. ····· ① ② ③ ④

151. 내일의 계획이라도 메모한다. ····· ① ② ③ ④

152. 리더십이 있는 사람이 되고 싶다. ····· ① ② ③ ④

153. 열정적인 사람이라고 생각한다. ····· ① ② ③ ④

154. 다른 사람 앞에서 이야기를 잘 하지 못한다. ····· ① ② ③ ④

155. 통찰력이 있는 편이다. ····· ① ② ③ ④

156. 엉덩이가 가벼운 편이다. ····· ① ② ③ ④

157. 여러 가지로 구애됨이 있다. ····· ① ② ③ ④

158. 돌다리도 두들겨 보고 건너는 쪽이 좋다. ····· ① ② ③ ④

159. 자신에게는 권력욕이 있다. ····· ① ② ③ ④

160. 업무를 할당받으면 기쁘다. ····· ① ② ③ ④

161. 사색적인 사람이라고 생각한다. ····· ① ② ③ ④

162. 비교적 개혁적이다. ····· ① ② ③ ④

163. 좋고 싫음으로 정할 때가 많다. ····· ① ② ③ ④

164. 전통에 구애되는 것은 버리는 것이 적절하다. ····· ① ② ③ ④

165. 교제 범위가 좁은 편이다. ····· ① ② ③ ④

166. 발상의 전환을 할 수 있는 타입이라고 생각한다. ····· ① ② ③ ④

167. 너무 주관적이어서 실패한다. ····· ① ② ③ ④

168. 현실적이고 실용적인 면을 추구한다. ····· ① ② ③ ④

169. 내가 어떤 배우의 팬인지 아무도 모른다. ································ ①②③④

170. 현실보다 가능성이다. ································ ①②③④

171. 마음이 담겨 있으면 선물은 아무 것이나 좋다. ································ ①②③④

172. 여행은 마음대로 하는 것이 좋다. ································ ①②③④

173. 추상적인 일에 관심이 있는 편이다. ································ ①②③④

174. 일은 대담히 하는 편이다. ································ ①②③④

175. 괴로워하는 사람을 보면 우선 동정한다. ································ ①②③④

PART

04

면접

1 면접 목적

(1) 역량 검증

면접은 다양한 기법을 활용하여 지원자가 직무에 필요한 능력을 보유하고 있는지 확인하는 절차이다. 지원자는 직무 수행에 필요한 요건과 관련한 자신의 경험, 관심사, 성취 등을 기업에 직접 어필하고, 인사 담당자는 기업은 서류만으로는 알 수 없는 지원자의 정보를 직접적으로 판단하고 평가한다.

(2) 강점 어필

면접은 보통 대면으로 이루어지며, 즉흥적인 질문을 포함하기 때문에 지원자가 완벽하게 준비하기 어렵다. 그러나 지원자에게는 서류 전형에서 미처 보이지 못한 실제 외국어 능력이나 커뮤니케이션 능력, 비즈니스 매너 등을 인사 담당자에게 추가로 어필하는 기회가 될 수 있다.

(3) 가치관 및 태도 확인

지원자의 성실성, 책임감, 윤리 의식 등 기본적인 인성 요소를 종합적으로 판단한다. 위기 상황에서의 태도, 실패 경험에 대한 인식 등을 통해 가치관의 방향성을 확인한다. 이는 장기 근속 가능성과도 밀접하게 연결되는 평가 요소이다.

(4) 의사소통 능력 평가

면접은 질문을 이해하고 핵심을 구조화하여 전달하는 능력을 평가하는 과정이다. 논리 전개력, 표현의 명확성, 경청 태도 등을 종합적으로 본다. 특히 조직 내 보고 · 협업 환경에서 원활한 소통이 가능한지를 판단한다.

(5) 성장 가능성 탐색

현재 역량뿐 아니라 향후 발전 가능성을 함께 평가한다. 피드백 수용 태도, 자기 성찰 능력, 학습 의지를 통해 잠재력을 확인한다. 즉시 투입 가능한 인재와 동시에 장기적으로 성장할 수 있는 인재를 선별하고자 한다.

② 평가 요소

(1) 경험에 대한 이해와 성찰

면접 평가에서는 지원자가 제시한 경험 그 자체보다 해당 경험을 통해 무엇을 느꼈고 어떤 발전을 이루어냈는지가 더 중요하게 고려된다. 동일한 경험이라 하더라도 문제 인식의 깊이, 판단의 기준, 성찰 정도에 따라 평가가 달라질 수 있다.

(2) 태도와 잠재력

면접관은 지원자의 의사소통 방식, 질문에 대한 반응 등을 통해 협업 능력과 발전 의지를 파악한다. 완벽한 답변보다는 겸손하면서도 주도적인 자세, 피드백을 수용하는 열린 태도, 그리고 조직의 가치관과 부합하는 직업관을 가지고 있을 때 좋은 평가를 받을 수 있다.

(3) 직무 역량

지원 직무와 관련된 이해도, 문제 해결 능력, 실무 적용 가능성을 평가한다. 경험 기반 답변이 구체적일수록 높은 평가를 받을 가능성이 크다.

(4) 의사소통 능력

질문 의도를 정확히 이해하고 구조적으로 답변하는지를 본다. 논리 전개, 핵심 전달력, 태도의 안정성이 중요한 요소이다.

(5) 조직 적합성

기업 문화와의 조화 가능성을 평가한다. 협업 태도, 갈등 해결 방식, 규범 수용 태도 등이 관찰 대상이다.

(6) 태도 및 인성

자신감, 성실성, 책임감, 예의 등을 종합적으로 판단한다. 지나친 과장이나 방어적 태도는 감점 요인이 될 수 있다.

(7) 성장 가능성

현재 능력뿐 아니라 학습 의지와 발전 가능성을 함께 평가한다. 피드백 수용 태도와 자기 성찰 능력도 중요한 요소이다.

면접 준비

1 면접 전 준비 사항

(1) 복장 및 스타일

최근 면접 복장을 점차 자율화하는 추세지만, 인사 담당자와 처음으로 만나는 자리이므로 예의를 갖춰 단정하게 입는 것이 좋다.

> • 깔끔한 셔츠나 블라우스에 슬랙스를 매치하는 것이 가장 무난하다. 여성의 경우 단정한 원피스도 좋은 선택지가 될 것이다.
> • 너무 화려한 액세서리와 넥타이, 높은 구두는 피하는 것이 좋다.
> • 헤어스타일 역시 복장의 일부이기에 단정하게 정돈한다. 앞머리가 있다면 눈을 가리지 않도록 정리한다. 여성의 경우 묶이지 않는 길이가 아니라면 깔끔하게 묶는 것을 권장한다.

(2) 조직 정보 확인

지원한 조직의 홈페이지에서 비전과 경영 목표 등을 미리 확인한다. 조직마다 지향점이 다르고, 그 지향점에 따라 지원자에게 바라는 인재상 또한 달라지기 때문이다. 조직에서 제시하는 핵심 가치나 인재상에 자신의 경험과 강점을 연결 지어 답변할 수 있도록 준비한다.

(3) 시간 준수

예절의 기본은 시간이다. 지각할 경우 면접에 응시할 수 없거나 불이익을 받을 가능성이 높다. 면접 시간과 장소가 결정되면 가장 먼저 교통편과 소요 시간을 미리 확인하도록 한다. 가능하면 사전에 방문해 본다. 면접 당일 여유를 가지고 20 ~ 30분 전에 도착하는 것이 좋다.

(4) 지원서와 자기소개서 숙지

인성 면접은 지원서와 자기소개서에 관한 내용을 바탕으로 진행하기 마련이다. 그러므로 작성했던 지원서와 자기소개서를 사전에 충분히 숙지하도록 한다. 특히 자신이 작성한 경험이나 성과에 대해 '왜 그렇게 했는지', '그 과정에서 무엇을 배웠는지' 등의 세부 내용을 명확히 알고 있어야 꼬리 질문에 대비할 수 있다.

(5) 최신 뉴스와 시사상식 파악

사회 이슈에 대한 견해나 시사상식에 관한 질문에 대비하기 위해, 지원한 분야와 관련된 최신 뉴스와 시사상식을 알아 두는 것이 좋다. 이런 부분에서 해당 조직에 대한 관심, 입사 의지, 직무 이해도 등을 보일 수 있다.

(6) 예상 질문 및 답변 준비

사전에 다빈도 기출 질문 리스트를 만들고 예상 답변을 정리해 본다. 다소 긴장한 상태에서도 자연스럽게 답할 수 있도록 반복해서 연습한다. 거울을 보며 말하거나 답변하는 자신의 모습을 동영상으로 촬영해 보는 것도 도움이 될 수 있다.

(7) 면접 점검표

점검사항	확인
① 면접 장소를 확인했다.	
② 면접 장소까지의 교통편과 소요 시간을 확인했다.	
③ 지원한 조직의 비전과 목표를 확인했다.	
④ 지원한 조직의 인재상을 확인했다.	
⑤ 면접 자리에 알맞은 복장을 준비했다.	
⑥ 헤어스타일을 단정하게 정돈했다.	
⑦ 지원서와 자기소개서를 숙지했다.	
⑧ 지원한 조직의 보도 자료를 확인했다.	
⑨ 지원 분야와 관련된 최신 뉴스를 확인했다.	
⑩ 지원 분야와 관련된 시사상식을 숙지했다.	
⑪ 다빈도 기출 질문 리스트를 만들고 예상 답변을 정리했다.	

② 면접 중 유념 사항

(1) 자세

① 인사를 할 때는 목만 숙인다거나 흐트러진 상태가 되지 않도록 주의한다.

② 걸을 때는 상체를 곧게 유지하고 발끝은 평행이 되게 하며 무릎은 스치듯 11자로 걷는다. 보폭은 어깨너비만큼이 적당하지만, 스커트를 입은 경우 보폭을 줄인다.

③ 서 있을 때는 팔을 자연스럽게 내리고 양손을 가볍게 쥐어 바지 옆선에 붙인다. 스커트를 입은 경우 공수 자세를 유지한다.

④ 앉아 있을 때 시선은 정면을 바라보며 턱은 가볍게 당기고 미소를 짓는다.

⑤ 앉고 일어날 때는 자세가 흐트러지지 않도록 의식해서 행동한다.

(2) 언어적 표현

① 인사말을 할 때는 밝고 친근감 있는 목소리로 또박또박 발성하며, 이름과 응시직렬, 수험번호 등을 간략하게 소개한다.

② 면접은 면접관과 지원자가 서로 이야기를 나누는 과정이므로 목소리가 미치는 영향력이 상당히 크다. 때문에 적절한 답변을 하더라도 자신감 없는 작은 목소리나 콧소리를 동반하면 신뢰감이 떨어질 수 있다. 부드러우면서 명확한 목소리를 유지하는 것이 바람직하다.

(3) 비언어적 표현

① 표정은 감정을 가장 잘 표현할 수 있는 의사소통 도구이며, 면접에서 지원자의 첫인상을 결정하는 중요한 요소 중 하나이다. 따라서 면접 중에는 밝은 표정으로 미소를 지어 호감을 형성할 수 있도록 한다.

② 시선은 면접관과 고르게 맞추고 생기 있는 눈빛을 띠도록 한다. 인사 시에는 상대방의 눈을 보며 하는 것이 가장 중요하지만, 너무 빤히 쳐다본다는 느낌이 들지 않도록 주의한다.

(1) 질문 의도 파악 실패

질문과 무관한 답변을 장황하게 이어가는 경우 감점 요인이 된다. 면접은 말하기 시험이 아니라 질문에 정확히 답하는 능력을 평가하는 과정이다. 질문의 핵심을 파악하지 못하면 직무 이해도와 사고력에 대한 신뢰가 낮아질 수 있다.

(2) 경험의 구체성 부족

추상적인 표현이나 일반론적 답변은 실제 역량 검증이 어렵다. 열심히 했다, 최선을 다했다와 같은 표현은 설득력이 낮다. 구체적인 상황·행동·결과가 제시되지 않으면 직무 수행 가능성에 의문이 생길 수 있다.

(3) 책임 회피형 태도

실패 경험을 설명하면서 타인이나 환경 탓으로 돌리는 태도는 부정적으로 평가된다. 조직은 완벽한 인재보다, 문제를 인식하고 개선하는 인재를 선호한다. 책임을 인정하고 학습한 점을 제시하지 못하면 성장 가능성 점수가 낮아질 수 있다.

(4) 과도한 자기 연출

지나치게 이상적이거나 완벽한 모습만을 강조하면 진정성이 의심될 수 있다. 실제 경험과 동떨어진 과장된 답변은 추가 질문에서 쉽게 드러난다. 완벽한 사람보다 예측 가능한 사람을 선호한다는 점을 이해해야 한다.

(5) 비언어적 태도의 불안정성

시선 처리, 표정, 자세, 말의 속도는 신뢰감 형성에 영향을 미친다. 과도한 긴장으로 인한 급한 말투나 불안정한 태도는 준비 부족으로 해석될 수 있다. 안정된 자세와 일정한 말하기 속도는 내용 이상의 평가 요소가 된다.

면접 답변 구조

1 STAR

(1) 정의 및 특징

상황과 경험 면접에서 주로 사용한다. 어려운 상황을 극복했던 경험, 갈등을 중재했던 경험 등을 묻는 질문에 답하기 좋다.

상황(situation)		업무(task)		실행(action)		결과(result)
계기나 상황	→	맡은 업무	→	실행한 사례	→	실행의 결과

(2) 질문 답변 예시

> Q. 가장 힘들었던 때와 그때를 극복해 낸 경험을 말해 보십시오.

① S : 고등학교 이 학년 때 동아리 회장직을 맡게 되었습니다. 그런데 내부 갈등으로 인원과 예산이 줄어 동아리를 폐쇄해야 할 위기에 직면했습니다.

TIP 당시 상황과 맥락을 들어 사건의 시발점을 간결하게 제시한다.

② T : 저는 동아리 재건에 도전하기로 마음먹었습니다. 동아리 활성화를 위해 가장 중요한 것은 사람이라고 생각했고, 새로운 동아리 회원을 모집하고자 했습니다.

TIP 주어진 책임이나 목표를 언급하며, 해결해야 했던 핵심 과제 또는 맡은 업무를 중심으로 답변한다.

③ A : 그래서 동아리 홍보 포스터를 만들어 일 학년 게시판이나 복도에 중심적으로 게시하고, 점심시간과 쉬는 시간에 선생님들께 양해를 얻어 일 학년 교실에서 동아리 홍보를 하기도 했습니다.

TIP 중심이 되는 부분이므로 명확하게 전달한다. 문제 해결을 위해 취한 행동을 구체적으로 설명하며, 능동 표현을 사용하는 것이 좋다.

④ R : 그 결과 폐쇄 위기였던 저희 동아리는 일 년 만에 학교에서 신입생이 가장 많은 동아리가 되었고, 이후 다양한 활동을 하며 동아리를 활성화했습니다. 이 경험으로 문제 해결을 위해 주도적으로 행동하는 자세의 중요성을 배울 수 있었습니다.

TIP 구체적인 성과를 언급하며 마무리한다. 가능하다면 수치나 객관적 지표를 제시하는 것이 효과적이다. 배운 점 또는 느낀 점을 덧붙이면 더 좋은 인상을 남길 수 있다.

② SCAR

(1) 정의 및 특징

압박이나 개별 면접에서 주로 사용한다. 갈등이나 위기, 도전 경험을 설명하는 데 유용하게 사용할 수 있다.

상황(situation)		위기(crisis)		행동(action)		결과(result)
상황 설명	→	위기 상황	→	위기 해결 행동	→	행동의 결과

(2) 질문 답변 예시

> Q. 갈등 상황을 중재한 적이 있습니까? 있다면 경험을 말해 보십시오.

① S : 팀 프로젝트에서 자료 분석 방향을 두고 두 명이 서로 다른 해석을 주장하며 큰 의견 차이를 보인 적이 있었습니다.

   TIP 지원 분야와 관련한 전문적인 과제 및 업무 상황의 내용을 제시하면 유리하다.

② C : 가벼운 토의에서 시작했지만 분석 기준과 책임 범위를 두고 감정적인 논쟁으로까지 번졌고, 이에 따라 프로젝트가 무산될 위험까지 생겼습니다.

   TIP 위기 또는 갈등 상황을 구체적으로 설명한다. 예상되었던 부정적인 결과를 덧붙이면 상황의 심각성을 더욱 설득력 있게 전달할 수 있다.

③ A : 저는 우선 갈등 악화를 막기 위해 회의를 중단하고, 이후 중립적인 기준을 바탕으로 두 주장을 정리한 뒤, 타협안을 도출해서 다음 회의 때 제시했습니다.

   TIP 자신의 역할과 행동을 중심으로 답변한다. 가능한 경우 문제의 접근 방법과 합리적인 판단의 근거 등을 함께 설명하면 좋다.

④ R : 그 결과, 의견이 원만하게 통일되어 프로젝트에서 만족스러운 결과를 얻을 수 있었습니다. 저는 이를 통해 양측의 입장을 헤아려 합리적인 해결책을 제시하는 중재자의 역할을 경험했습니다.

   TIP 앞서 언급한 행동의 긍정적인 결과를 제시하고, 그로 인해 얻은 교훈이나 역량으로 마무리한다.

3 PREP

(1) 정의 및 특징

토론이나 발표 면접에서 주로 사용한다. 논리적인 이유와 실제 사례 및 데이터에 기반하므로 설득력 있는 주장을 펼칠 수 있다.

주장(point)		이유(reason)		사례(example)		주장(point)
주장 제시	→	논리적 이유	→	근거 보충	→	주장 강조

(2) 질문 답변 예시

> Q. 재택근무 제도에 대해 어떻게 생각하십니까?

① P : 저는 재택근무 제도에 찬성합니다. 재택근무를 확대하는 것이 조직의 발전에 도움이 된다고 생각합니다.

TIP 주장과 주장의 핵심이 되는 내용을 시작으로 답변을 전개한다. 짧고 간결한 표현을 사용하면 좋다.

② R : 업무 특성에 따라 유연한 근무 환경을 제공하면 직원들의 업무 집중도와 조직 전체의 효율성이 높아질 수 있기 때문입니다.

TIP 주관적인 판단보다는 주제를 객관적으로 파악하는 관점을 가지는 것이 좋다.

③ E : 실제로 근래에 많은 기업이 재택근무를 도입하기 시작했는데, 출퇴근 시간 단축과 자율적인 근무 환경으로 만족도와 생산성이 동시에 향상되었다는 조사 결과가 있었습니다.

TIP 근거와 직접적으로 연결되는 부연 설명을 덧붙인다. 연구 결과, 기사, 통계 등을 활용하면 신뢰성과 설득력을 높일 수 있다.

④ P : 그러므로 재택근무 제도를 적극 도입해 근무자의 업무 수행력을 높일 수 있도록 도와야 한다고 생각합니다.

TIP 마무리 단계에서 처음 주장을 반복함으로써 자신의 의견을 강조할 수 있다. 제안이나 기대 효과 등을 함께 언급하면 논리의 전문성을 높이는 데 도움이 된다.

 **OREO**

(1) 정의 및 특징

토론이나 발표 면접에서 주로 사용한다. 설득보다는 설명과 이해를 좀 더 중시한다는 특징이 있다.

주장(opinion) 주장 명시	→	이유(reason) 논리적 이유	→	예시(example) 구체적 예시	→	주장(opinion) 주장 강조

(2) 질문 답변 예시

> Q. 현재 동물 학대 처벌 수준에 대해 어떻게 생각하십니까?

① O : 저는 동물 학대에 대한 처벌을 크게 강화해야 한다고 생각합니다.

TIP 도입부에서 자신의 주장을 명확하게 제시한다. 추상적이거나 애매한 입장은 피하고 확실한 태도를 갖는 편이 더욱 신뢰감을 줄 수 있다.

② R : 동물 또한 감정과 고통을 가진 존재이기 때문에 윤리적으로 충분히 보호받아야 할 필요가 있습니다. 그러나 현행 처벌 수준으로는 동물 학대의 실질적인 억제 효과가 부족합니다.

TIP 의견을 뒷받침하는 논리적 근거를 중심으로 답변한다. 이때 주장과 이유의 인과관계를 분명히 하여, 타당하고 듣는 이가 납득하기 쉽게 구성하는 것이 좋다.

③ E : 일부 국가에서는 동물 학대에 대한 처벌을 강화한 후, 관련 범죄가 감소하고 동물 복지 의식이 높아졌다는 보고가 있습니다. 예를 들어, 독일은 헌법에 동물 보호를 명시하고 학대자에 대해 최대 3년의 징역형을 집행하면서, 동물 학대가 매우 드문 국가가 된 사례가 있습니다.

TIP 구체적인 사례나 통계를 제시하여 주장과 이유를 보다 자세히 설명한다. 이때 검증할 수 있고 신뢰가 가는 자료를 채택하는 것이 좋다.

④ O : 따라서 동물 학대에 대한 처벌을 대폭 강화해 실질적인 동물 복지를 개선하고 사회 전반의 윤리적 수준을 높여야 한다고 생각합니다.

TIP 핵심 의견을 다시 강조하며 마무리한다. 가능하다면 예상되는 결과나 미래 전망 등을 함께 언급해서 결론을 더 강조할 수 있다.

① 인성면접

(1) 평정 요소

① 대인관계능력

> • 처음 만나는 사람과 쉽게 친해지는 편입니까?
> • 생각이 다른 동료와 함께 일했을 때 어떻게 협업했습니까?
> • 업무 중 동료와 갈등이 생긴다면 어떻게 하겠습니까?

㉠ 협조성과 갈등 중재 능력, 팀워크 등을 심사하는 질문이다. 인사 담당자로서는 동료들과 얼마나 원활한 관계를 형성하고 유지해 나가는지도 중요한 평정요소이다.

㉡ 대인관계능력은 의사소통에서 시작한다. 의사소통능력은 단순히 조리 있게 말을 잘 하는 것뿐만 아니라 경청하는 자세, 문서를 읽고 쓰는 능력, 기초 외국어 능력까지 포함한다.

② 자기계발능력

> • 가장 힘들었던 때와 그때를 극복해 낸 경험을 말해 보십시오.
> • 입사 후 전문성을 키우기 위해 어떤 자기 계발을 할 계획입니까?
> • 새로운 업무 시스템이나 절차가 도입되었을 때 빠르게 이해하고 적응했던 경험이 있습니까?

㉠ 과거에 자기 계발을 했던 경험, 또는 입사 후 포부 등 다양한 형태로 질문한다.

㉡ 과거의 경험은 자신의 부족한 점이나 약점을 인식한 후 어떤 노력을 통해 극복했는지, 입사 후 포부는 자신의 부족한 점을 어떻게 더욱 개발할지를 묻는다.

③ 스트레스 관리

> • 취미가 무엇입니까?
> • 자신만의 스트레스 관리법이 있습니까?
> • 평소 여가시간을 어떻게 보내는 편입니까?

㉠ 스트레스를 어떻게 관리하고 해소하는지를 통해 인사 담당자는 해당 지원자가 압박 상황에서 어떻게 대처하는지를 알 수 있다.

㉡ 취미나 여가 시간을 묻는 단순한 질문에도 자신의 직무 역량과 연결해 답하는 것이 중요하다.

④ 성실성

> - 장기간 꾸준히 노력했던 경험을 말씀해 주십시오.
> - 마감 기한이 촉박했던 상황에서 어떻게 대응했는지 구체적으로 설명해 보십시오.
> - 반복적이고 단조로운 업무를 맡았을 때 어떻게 동기를 유지했습니까?

㉠ 성실하게 근무를 했었던 경험에 대해서 질문한다.
㉡ 장기 근속 여부 및 맡은 업무를 성실하게 할 수 있는 가를 중요하게 확인한다.

⑤ 책임감

> - 본인의 실수로 문제가 발생했던 경험과 그 해결 과정을 설명해 보십시오.
> - 팀 프로젝트에서 갈등이 발생했을 때 본인은 어떤 역할을 했습니까?
> - 맡은 역할 이상으로 추가적인 책임을 수행했던 경험이 있다면 말씀해 주십시오.

㉠ 업무에 책임감을 확인하는 평정요소이다.
㉡ 문제 해결을 한 경험에 대해서 빈번하게 묻는다.

⑥ 가치관 및 조직적합성

> - 조직 내에서 규정과 개인의 판단이 충돌한다면 어떻게 행동하시겠습니까?
> - 본인이 중요하게 생각하는 직장인의 덕목은 무엇입니까?
> - 상사의 지시가 본인의 생각과 다를 경우 어떻게 대응하겠습니까?

㉠ 가치관을 확인하는 질문을 하는 평정요소이다.
㉡ 인성검사 결과와 연관되는 질문을 빈번하게 하는 편이다.

⑦ 의사소통 태도 및 안정성

> - 본인의 의견이 받아들여지지 않았던 경험을 설명해 보십시오.
> - 예상치 못한 질문을 받았을 때 어떻게 대응하시겠습니까?
> - 면접과 같은 긴장 상황에서 본인을 어떻게 조절합니까?

㉠ 의사소통 및 소통능력을 확인하는 평정요소이다.
㉡ 동료들과 의사소통을 통해서 갈등을 해결한 경험을 주요하게 물어본다.

(2) 준비전략

인성면접은 지원자의 인품을 넘어 상기 평정 요소들을 평가하는 일종의 구술시험이다. 따라서 인성 평가라는 사고에 갇혀 무난한 모범 대답만 반복하는 것은 피해야 한다. 질문의 의도를 파악하고 그것을 조리 있게 말하는 능력이 중요하다. 주로 지원서나 자기소개서에 기반으로 하는 질문 또는 사회적으로 쟁점이 되는 뉴스와 시사상식에 대한 견해를 묻기 때문에 해당 내용을 사전에 숙지해야 한다.

② 직무면접

(1) 평정 요소

① 직무상식

> • A 프로그램을 사용할 수 있습니까?
> • 해당 업무를 수행할 때 바람직한 태도는 무엇입니까?
> • 직무와 관련해 개인적으로 학습하거나 준비한 것이 있습니까?

㉠ 직무를 수행할 최소한의 학습 경험과 이해도·관심도를 갖추었는지를 평가한다.

㉡ 해당 직무를 담당할 때 필요한 기초 지식과 태도 등의 이해를 필요로 한다.

㉢ 전공 개론 수준의 이론 또는 사용하는 툴이나 프로그램 등을 묻는다.

② 응용능력

> • 업무 과정에서 비효율적인 부분을 발견하고 개선한 경험이 있습니까?
> • 업무에서 실수를 줄이고 정확성을 유지하기 위한 자신만의 방법이 있습니까?
> • 업무 마감 시간이 얼마 남지 않았는데 시스템 오류가 발생했다면 어떻게 하겠습니까?

㉠ 직무 지식을 실제 현장에서 응용할 수 있는지 파악하기 위한 질문이다.

㉡ 직무와 관련된 상황을 분석하고 해결 전략을 제시하는 논리적 사고를 필요로 한다.

㉢ 어떠한 상황을 주고 그 상황에서 본인이라면 어떻게 할 것인지를 묻는 경우가 많다.

③ 직무이해도

> • 이 직무를 수행하는 데 가장 중요한 역량은 무엇이라고 생각합니까?
> • B 법이 다음 달부터 개정 발효되는데 이유를 알고 있습니까?
> • C 안건을 본인이 한다면 어떤 순서로 하겠습니까?

㉠ 지원하는 업무를 정확히 이해하고 있는지를 확인하기 위한 질문이다.

㉡ 자신이 어떤 일을 해야 하는지 알고 해당 직종의 정책 및 지향점을 명확히 파악하는 것이 중요하다.

㉢ 직무에 대한 세부적인 질문을 받았을 때, 기업의 비전 또는 미션과 해당 직무의 역할을 연결 지어 답변하는 것 또한 좋은 어필이 된다.

(2) 준비전략

직무면접은 지원자의 직무 적합성을 검증하기 위한 면접이므로, 지원하는 직무에 대한 기본 이론부터 응용 상식까지 포괄적인 내용을 숙지하는 것이 중요하다. 채용 공고의 직무 설명, 홈페이지의 기업의 직무 소개, NCS 직무기술서 등을 토대로 필요 역량과 툴 등을 명확하게 파악하도록 한다.

③ AI 면접

(1) 특징

AI가 면접관 역할을 대신하는 비대면 면접 유형 중 하나이다. 화상 카메라, 마이크 등을 준비해야 한다는 번거로움이 있지만, 시간과 장소의 제약이 없다는 것이 장점이다. AI가 지원자의 시선, 말투, 표정, 제스처까지 전부 분석하고 많은 인원의 면접을 빠르게 치를 수 있다는 점에서 AI 면접을 선호하는 곳이 늘고 있다.

(2) 준비전략

① AI 면접에서는 시선처리와 발음, 응답속도가 중요한 평가 요소로 작용한다. 많은 지원자가 카메라가 아닌 화면을 보는 실수를 하는데, AI 면접 시에는 화면이 아닌 카메라를 정확히 보는 연습을 하는 것이 좋다.

② 음성 인식 정확도를 높이기 위해서는 또박또박 천천히 말하고, 질문이 끝난 뒤 2 ~ 3초 정도의 간격을 두고 대답한다.

④ 개별면접

(1) 특징

한 명 또는 여러 명의 면접관과 한 명의 지원자가 면접을 치르는 것이다. 지원자가 한 명인 만큼 심층적인 질문과 다양한 꼬리 질문을 받는다. 지원자의 사고 과정과 태도를 집중적으로 검증할 수 있다는 특징이 있다.

(2) 준비전략

① 심화 질문에 대비하기 위해서는 채용 공고, 기업의 비전과 미션, 보도 자료, 직종과 관련된 시사상식, 최근 이슈, 지원서와 자기소개서 등을 모두 꼼꼼하게 숙지하도록 한다.

② 다 대 일 면접의 경우 심리적 압박감이 강할 수 있으므로 모의 면접을 통해 여러 면접관의 질문에 차분히 대응하는 연습을 해두는 것이 좋다.

③ 한 면접관의 질문에 답변할 때도 다른 면접관들과 자연스럽게 시선을 나누며 소통하는 자세를 유지해야 한다.

5 **토론면접**

(1) 특징

면접자들을 조별로 나누어 특정 주제를 주고 찬반 토론을 하도록 하는 면접이다. 토론을 통해 도출해 낸 최종안도 중요하지만, 결론을 도출하는 과정에서의 의사소통능력 및 갈등 상황에서 의견을 조정하는 대처 능력 등도 중요하게 평가된다.

(2) 준비전략

① 적극적으로 나의 의견을 주장하는 것도 중요하지만, 경청하고 조정하는 능력도 평정 요소 중 하나라는 사실에 유념하여 토론에 임해야 한다. 다른 사람이 발언할 때 고개를 끄덕이거나 적절한 반응을 보이며 경청하는 비언어적 커뮤니케이션을 잊지 않도록 한다.

② 주제는 주로 최근 사회 이슈나 업계 관련 쟁점 중에서 나오는 경우가 많으므로 이를 중심으로 공부하는 것이 좋다.

6 **상황면접**

(1) 특징

실제 업무 중 마주할 수 있는 상황을 제시하고 어떻게 행동할 것인지를 묻는 방식으로 진행하는 면접이다. 현장에서 겪을 수 있는 상황을 제시함으로써 입사 이후의 실제적인 업무 수행 능력을 중점적으로 평가한다.

(2) 준비전략

① 상황면접 특성상 면접 질문이 길다는 점에 유의한다. 질문의 핵심 의도를 짚어내고 적절한 답을 제시할수록 높은 점수를 얻을 수 있다.

② 다양한 관점을 고려하여 어려운 문제 상황에 대한 답을 미리 생각해 보고 구조화된 면접 답변을 준비하는 것이 좋다.

7 **비대면 면접**

(1) 특징

면접관과 지원자가 대면하지 않은 상태에서 진행하는 면접이다. 화상 프로그램을 통해 면접관과 질의문답을 주고받는 것과, 주어진 주제나 질문에 답하는 모습을 녹화하여 제출하는 것 두 종류로 나뉜다. 면접관이 사람이라는 점에서 AI 면접과는 차이가 있다.

(2) 준비전략

① 카메라와 마이크가 잘 작동하는지, 프로그램 설치나 설정이 맞게 되어있는지를 사전에 반드시 점검하도록 한다.

② 화면이 아닌 카메라 렌즈를 향해서 자연스러운 시선 처리를 유지하고, 질문이 끝난 뒤 2 ~ 3초의 간격을 두고 또렷하게 답변하는 것이 좋다.

③ 시스템 오류 등의 예상치 못한 상황이 벌어지더라도 당황하지 않고 침착하게 담당자의 안내에 따르도록 한다.

8 **외국어 면접**

(1) 특징

외국어로 진행되는 면접으로, 외국계 기업이나 업무상 외국어를 많이 사용하는 직종에서 주로 시행한다. 전문용어나 비즈니스 매너 등까지 전반적으로 갖춰야 하므로, 원어민 면접관이 면접을 진행하는 때도 많다.

(2) 준비전략

① 중요한 건 자신감이다. 면접장에서 외국어를 완벽하게 구사해야 한다는 사실을 부담스러워하는 지원자가 많다. 그러나 완벽하지 않더라도 자신감 있게 나를 표현하는 모습이 좋은 평가를 받을 수 있다.

② 문화권마다 예의범절이나 비즈니스 매너 등이 다르다는 점에 유의하고 미리 숙지하도록 한다.

⑨ 발표면접 (PT면접)

(1) 특징

지원자가 제시된 특정 주제와 자료를 토대로 자기 생각을 발표하는 면접이다. 주어진 자료에서 핵심 주제와 맥락을 짚어낼 수 있는 능력과, 그것들을 기반으로 문제를 해결할 수 있는 능력 등이 주요 평정 요소이다.

(2) 준비전략

① 주제와 상황을 명징하게 파악하는 것이 가장 중요하다. 강조하고자 하는 핵심을 찾아내고, 서론 – 본론 – 결론의 체계적인 구조를 사용하여 이를 드러내는 것이 좋다.

② 발표할 때는 주어진 시간을 엄수하여 명확하고 자신 있는 태도로 한다.

⑩ 다(多) 대 다(多) 면접

(1) 특징

다수의 면접관과 다수의 지원자가 함께 면접을 보는 것이다. 개별 역량뿐만 아니라 다른 지원자들과의 상호작용, 경쟁 상황에서의 태도 등을 종합적으로 평가한다. 제한된 시간 내에 자신을 효과적으로 드러내야 하는 점이 어렵지만, 다른 지원자와 비교하여 자신의 취약점이나 강점을 파악할 수 있다는 장점도 있다.

(2) 준비전략

① 사람들 사이에서 자신을 보여주는 것도 중요하지만, 다른 지원자들을 향한 태도도 중요하다. 다른 지원자가 답변할 때는 그 지원자를, 면접관이 질문할 때는 그 면접관을 바라보며 경청하는 태도를 보인다.

② 다른 지원자와 답변이 겹치지 않도록 한 질문에 다양한 답변을 준비하는 것이 좋다.

다빈도 기출 질문

> **Q. 자기소개를 간단하게 해 보세요.**

A. 안녕하십니까, A사 B계열에 지원한 OOO(이)라고 합니다. 저는 제 핵심 강점인 책임감을 바탕으로, 어느 조직에서나 끈질긴 분석과 협업을 통해 목표 달성에 기여하고자 노력해 왔습니다. 이 과정에서 업무에 필요한 문제 해결 능력과 추진력 또한 키울 수 있었습니다. 실제로 여러 프로젝트에 참여하여 직접 제안한 아이디어로 성과 개선에 기여한 경험이 있습니다. 입사 후에도 이러한 역량과 경험을 바탕으로 빠르게 업무에 적응하고, 장기적으로는 A사의 핵심 인재로 성장할 수 있도록 노력하겠습니다. 감사합니다.

TIP 블라인드 면접 시 학교명이나 나이 등의 신상정보를 빼고, 직무와 관련된 강점 중심으로만 답변해야 한다. 자신의 성향을 한 문장으로 요약하고, 이어서 간단한 경험으로 근거를 제시한 뒤, 그 역량이 지원 직무에 어떻게 도움이 되는지 언급하며 마무리하면 좋다.

> **Q. 우리 회사를 지원한 이유는 무엇입니까?**

A. 회사의 성장 방향성 및 추구하는 목표가 제 가치관과 역량에 잘 맞는다고 생각했기 때문입니다. 저는 조직의 성격과 구성원의 역량이 맞닿을 때 가장 큰 성과를 만든다고 믿습니다. A사가 명확한 목표를 갖고 체계적으로 성장 전략을 실천하는 조직 문화를 갖추고 있으며, 구성원들이 도전하면서도 협업을 중시하는 환경에서 일하고 있다는 점이 인상 깊었습니다. 저 또한 A사에서 책임감 있게 협업하고 결과를 내는 사람으로 성장하고 싶어 지원했습니다.

TIP 홈페이지나 채용 공고에서 언급되는 핵심 가치 또는 인재상을 파악하고, 이를 자신의 성향과 연결 지어 기업과 자신의 지향점이 일치함을 강조하는 것이 바람직하다. 마무리는 능동적이고 미래지향적인 표현을 사용해 입사 의지를 드러내면 좋다.

Q. 해당 직무에 지원한 이유는 무엇입니까?

A. 저는 문제를 해결하고 가치를 창출하는 과정에서 큰 성취를 느끼는 사람입니다. 해당 직무가 분석을 바탕으로 명확한 결과를 만들어내며, 팀과 조직 목표 달성에 직접적으로 기여할 수 있다는 점이 매력적으로 다가왔습니다. 이전에도 주어진 과제를 체계적으로 분석하고 접근하여 성과를 낸 경험이 많이 있습니다. 때문에 해당 직무에서 제 흥미와 역량을 가장 효과적으로 발휘할 수 있다고 생각했습니다.

> **TIP** 직무에 대한 지원자의 이해도와 직무 적합성을 파악하기 위한 질문이다. 효과적인 답변을 위해서는 지원하는 직무의 핵심 역할을 정확히 파악하고 있다는 사실을 드러내고, 그 안에서 자신의 역량을 발휘할 수 있다는 점을 어필하는 것이 좋다. 해당 역량을 효과적으로 발휘한 사례를 더하면 설득력을 높일 수 있다.

Q. 자신의 장·단점은 무엇이라고 생각합니까?

A. 저의 장점은 인내심입니다. 어렵고 힘든 문제를 만나도 쉽게 포기하지 않고 해결할 때까지 끊임없이 노력하기 때문입니다. 단점은 목표가 없으면 쉽게 나태해진다는 점입니다. 이를 극복하기 위해서 평소에도 맡은 일에 단계별로 구체적인 목표와 계획을 세우고 점검하는 습관을 만들었습니다.

> **TIP** 장·단점을 묻는 질문은 자신의 약점을 어떻게 관리하고 성장의 계기로 삼는지를 평가하기 위한 목적이 있다. 따라서 단점을 언급할 때는 너무 사소하거나 추상적인 것보다는 개선 가능성과 보완 의지를 드러낼 수 있는 현실적인 문제를 제시하는 것이 좋다.

Q. 취미가 무엇입니까?

A. 제 취미는 조깅입니다. 운동을 하면 몸과 마음이 개운해질 뿐만 아니라 생각도 정리할 수 있기 때문입니다. 건강관리에 큰 도움이 되고 있기 때문에 조금 바쁘거나 피곤하더라도 시간을 내 꾸준히 조깅이나 산책을 하고 있습니다.

> **TIP** 취미를 통한 지원자의 성실성, 자기관리 태도 등을 파악하려는 의도를 내포한다. 따라서 단순히 '운동을 좋아한다', '독서를 한다'처럼 열거식으로 답하기보다, 해당 취미가 자신에게 어떤 긍정적 영향을 주는지를 들어 답변하는 것이 바람직하다.

A. 여가 시간에는 주로 취미인 조깅을 하면서 보내는 편입니다. 하지만 밤이거나 날씨가 안 좋을 때는 책이나 영화를 보기도 합니다. 중요한 것은 균형 있는 활동과 휴식을 통해 체력을 관리하며 업무 시간에 필요한 집중력을 확보하는 것이라고 생각합니다.

TIP 시간 분배와 자기관리에 대한 체계적인 태도나 긍정적으로 업무 에너지를 회복하는 모습을 보이면 좋은 인상을 남길 수 있다. 이는 주어진 자원을 효율적으로 활용하고 장기적인 업무 수행에서도 안정적인 성과를 낼 수 있는 사람으로 평가 받는 데 도움을 준다.

A. 스트레스를 받는 상황이 생기면 우선 감정적으로 반응하기보다 이성적으로 상황을 정리하고 마음을 다스릴 수 있도록 노력합니다. 보통 짧은 산책이나 조깅으로 생각을 환기하는 것이 도움 되었습니다. 스트레스 해소는 감정 배출이 아닌 문제를 해결하기 위한 정리 과정이라고 생각하고 있습니다.

TIP 긍정적이며 건강한 방법을 제시하고, 구체적인 예시를 들어 자신만의 스트레스 해소법을 언급하는 것이 좋다. 이를 통해 압박 상황에서도 일의 균형과 효율을 유지할 수 있는 안정적인 지원자로 인식될 가능성이 높다.

A. 카시와기의 「데이터 문해력」을 읽었습니다. 데이터를 어떻게 해석하고 업무 의사결정에 활용할 것인지에 대한 책입니다. 데이터 활용 능력이 더욱 중요해지고 있는 시대인 만큼 데이터를 통해 실제 문제를 해결하는 방법을 더 잘 이해해야 한다고 생각했습니다. 책을 읽으며 데이터를 다루는 기술적 역량뿐만 아니라 그 속의 맥락을 이해하는 능력도 함께 키워야겠다고 느꼈습니다.

TIP 자기 계발과 직무 역량 향상을 위해 노력하는 태도를 어필할 수 있는 질문이다. 단순히 책의 줄거리나 내용 요약을 말하기보다, 그 책을 통해 무엇을 느꼈고 어떤 점을 배우게 되었는지를 중심으로 답변하면 설득력이 높아진다.

Q. 자신을 리더라고 생각합니까, 팔로워라고 생각합니까?

A. 저는 팔로워에 좀 더 가깝다고 생각합니다. 지금까지 상황을 분석하고 소통하는 능력을 통해 리더의 아래에서 팀을 하나로 만든 경험이 많았기 때문입니다. 그러나 좋은 팔로워의 경험이 있어야 좋은 리더도 될 수 있다고 생각합니다. 조율이 필요한 순간에는 앞장서서 의견을 모으고 정리하는 리더 역할도 마다하지 않고자 합니다. 팀의 성과를 위해 두 역할을 유연하게 수행하는 사람이 되겠습니다.

> **TIP** 자신의 강점과 역량에 대해 충분히 이해하고 있는 것이 중요하다. 구체적인 경험을 근거로 들어, 적절한 자리에서 스스로의 역할을 충실히 수행할 수 있는 인재라는 점을 설명한다. 가능하다면 한쪽만 일방적으로 강조하기보다 두 역할을 상황에 따라 조화롭게 수행할 수 있는 유연성을 보여주어도 좋다.

Q. 자신보다 어린 상사에 대해 어떻게 생각합니까?

A. 나이보다는 개인이 가진 전문성과 역량이 더 중요하다고 생각하므로 개의치 않습니다. 실제로 인턴 활동 중 저보다 어린 선배와 함께 일했던 적이 있습니다. 그분은 업무 경험이 많고 문제 해결 능력이 뛰어났기 때문에 옆에서 많이 여쭤보고 배울 수 있었습니다. 조직에서 상사라는 사실은 그만큼 인정받은 경력이 있다는 의미이기 때문에, 나이와 관계없이 존중하며 배우는 자세로 임하겠습니다.

> **TIP** 조직 내 위계에 대한 이해도와 관계 유연성을 파악하기 위한 목적이 있다. 합리적인 근거와 경험을 토대로 연령보다 역량을 중시하는 성숙한 사고방식을 드러내는 것이 좋다.

Q. 상사가 업무와 무관한 사적인 일을 시킨다면 어떻게 하겠습니까?

A. 먼저 지시받은 일의 목적과 필요성을 여쭤보겠습니다. 신입사원인 만큼 제가 해당 지시의 의미를 제대로 파악하지 못했을 수 있다고 생각하기 때문입니다. 그럼에도 명백히 업무와 무관한 사적인 일이라고 판단되면, 현재 더 필요한 업무에 집중하기 위해서 정중하게 거절하겠습니다.

> **TIP** 지원자의 문제 대처 능력, 윤리관 등을 평가할 수 있는 질문이다. 우선 상황을 객관적으로 파악하려는 시도 이후 합리적인 결정을 내리는 모습을 보이면 보다 긍정적인 평가를 받을 수 있다. 언행에서는 예의와 조직 존중의 자세를 잃지 않는 태도 또한 중요하다.

Q. 원하지 않는 지방이나 외국으로 발령을 받는다면 어떻게 하겠습니까?

A. 지원할 때 순환근무에 대한 사실을 충분히 숙지했기 때문에 기꺼이 받아들일 준비가 되어있습니다. 저는 환경이 바뀌는 것을 어려워하지 않고, 새로운 일에 도전하는 것을 좋아하는 편입니다. 물론 처음에는 낯설 수도 있지만, 그만큼 다양한 경험을 쌓고 폭넓은 시각을 갖춰 보다 성장하는 기회로 삼고자 합니다.

TIP 기업의 인사 정책을 존중하면서도 변화에 긍정적으로 대응하려는 자세로 답변하는 것이 바람직하다. 즉, 곤란하다거나 어렵다고 단정 짓기보다는 이를 성장의 기회로 삼아 조직에 기여하겠다는 의지를 드러내는 것이 좋다.

Q. 과도한 업무가 주어져서 일과 개인 시간의 밸런스가 무너진다면 어떻게 하겠습니까?

A. 우선은 저의 업무 처리 방식을 점검해보겠습니다. 업무에 요령이 부족하거나 서툴러서 생긴 문제일 수 있으므로 이를 개선해야 한다고 생각합니다. 선배님께 효율적인 방법을 여쭤보고 불필요한 시간을 줄이는 법을 익힐 계획입니다. 그런데도 업무량이 과다하다고 느껴진다면, 팀 내 상급자분께 상담을 요청해 조율하겠습니다.

TIP 먼저 스스로 업무를 완수하려는 의지를 보이고, 개인의 역량을 넘는 불가피한 상황임을 인지했을 때는 구체적인 해결 전략을 제시하여 원만한 문제 해결 능력과 소통 능력을 갖추었음을 밝히는 것이 바람직하다.

Q. 만약 이번 채용에 불합격한다면 어떻게 하겠습니까?

A. 겸허히 결과를 받아들이고 준비 과정에서 부족했던 부분을 점검하는 계기로 삼겠습니다. 특히 면접을 준비하며 느꼈던 제 역량의 한계나 보완이 필요하다고 생각한 부분을 중심으로 다시 정리하고, 관련 경험과 역량을 보완해 나가겠습니다.

TIP 채용 결과와 관계없이 지원자의 회복 탄력성, 직무에 대한 지속적인 관심과 준비 의지를 확인하고자 하는 질문이다. 감정적으로 반응하기보다는 자신에게 부족했던 점을 돌아보고 향후 계획을 성숙하게 수립하겠다는 태도를 보이는 것이 좋다.

06 면접기출

① 자기소개

② 지원동기

③ 살면서 가장 힘들었을 때

④ 직원 간 갈등 극복방법

⑤ 대인관계에 있어 리더, 동조자, 분위기 메이커 중 어떤 유형인가?

⑥ 편법을 사용하지 않고 일을 해결해 나간 경험에 대해 말해보시오.

⑦ 지원 직렬에 지원한 지원자가 가지고 있어야 할 가장 중요한 역량에 대해 말해보시오.

⑨ 직장 상사가 커피 심부름을 시킨다면?

⑩ 입사 후 자기 개발을 위해 무엇을 어떻게 하겠는가?

⑪ 본인의 직무역량과 성격

⑫ 매뉴얼대로 지켜지지 않거나 지연됐을 때의 대처방식

⑬ 조직에서 자기 주장을 내세우는 편인가 수용하는 편인가?

⑭ 본인의 외향적 성향과 내향적 성향의 비율은 어떻게 되는가?

⑮ 추가로 일을 해야 한다면 잔업을 할 의향이 있는가?

⑯ 고객이 부당한 것을 요구할 때 어떻게 할 것인가?

⑰ 조직 내에 갈등이 생겼을 때 해결한 경험

⑱ 고객 혹은 상사의 요구를 들어 만족을 이끌어낸 경험

⑲ 본인만의 스트레스 해소법이 있다면 무엇인가?

⑳ 자신만의 직무 강점은 무엇이라고 생각하는가?

㉑ 우리 회사의 신규 이슈에 대해 말해보시오.

㉒ 스마트톨링 시스템에 대해 말해보시오.

㉓ 입사 후 어려울 것 같은 점이 있다면 말해보시오.